PEÇASINTERMEDIÁRIAS PARA**VIOLÃO**CLÁSSICO

20 belas peças de violão clássico para você construir o seu repertório

ROB**THORPE**

FUNDAMENTAL**CHANGES**

Peças Intermediárias Para Violão Clássico

20 belas peças de violão clássico para você construir o seu repertório

Publicado por **www.fundamental-changes.com**

ISBN: 978-1-78933-133-2

Tradução: Elton Viana

Sumário

Prefácio

Bem-vindo ao meu segundo livro sobre violão clássico, o qual visa lhe ajudar a construir o seu repertório de solista.

Quando as pessoas descobrem que você é músico, frequentemente dizem: *"Bem, então toque alguma coisa!"*. Este livro vai lhe preparar para fazer isso. Dando continuidade ao volume 1 desta coleção, este volume irá lhe ajudar a expandir o seu repertório de violão clássico e a desenvolver ainda mais as habilidades essenciais de executar dedilhados e acordes.

As peças deste livro foram cuidadosamente selecionadas, tendo como base as peças do livro um (*Peças Fáceis Para Violão Clássico*). Há pontos em comum entre os dois volumes, mas a música aqui apresentada exige um nível de habilidade técnica ligeiramente superior. Este volume possui passagens mais rápidas de tocar, desenhos de acordes mais desafiadores de dominar e algumas novas técnicas para aprender.

Além disso, o livro apresenta peças mais longas com estruturas mais complexas e frequentes transições de dinâmica, para produzir luz e sombra. Algumas das peças também fazem uso de afinações alteradas, as quais serão explicadas quando chegar o momento.

Algumas das músicas aqui foram extraídas do cânone da música clássica do violão, como Ferdinando Carulli, Matteo Carcassi e de compositores românticos como Francisco Tárrega. Você também estudará algumas peças, compostas originalmente para piano, que foram arranjadas para violão e algumas peças originais que compus especialmente para este livro. Essas últimas foram inspiradas em duas abordagens diferentes de tocar violão de cordas de aço.

Conforme você for estudando o conteúdo deste livro, divida cada peça em pequenas partes e certifique-se de dominar as partes técnicas mais desafiadoras que cada seção apresenta, antes de praticar a execução de uma determinada peça na íntegra. Dito isso, este livro foi escrito para lhe encorajar a executar e apreciar a música em geral. Tocar músicas tem a ver com tocar com espírito e não apenas praticar!

Espero que você goste desta seleção de peças e que as considere gratificantes de estudar.

Bons estudos!

Rob

Dicas sobre Prática e Desempenho

Ao longo deste livro, sugerirei padrões de dedilhado e digitação. Os dedos da mão direita serão representados pelas seguintes letras: **P** = polegar; **I** = indicador; **M** = médio; **A** = anelar. Os dedos da mão esquerda serão representados pelos números de 1 a 4, sendo 1 o dedo indicador e 4 o dedo mínimo.

Ocasionalmente, direi para você tocar em uma *posição* no braço do violão. O número de uma posição específica indica onde o dedo indicador deve estar no braço do violão. Por exemplo, "tocar na quarta posição" significa que o dedo indicador será colocado na 4ª casa.

Este livro tem a intenção de ser uma coleção de peças que possa ser executada em shows. Cada peça acompanha uma explicação, porém não pretendo lhe ensinar detalhadamente como tocar cada peça. No entanto, explico como enfrentar os desafios técnicos que cada peça apresenta. Se você precisar de mais informações, sugiro que utilize este livro junto de um livro dedicado à técnica de violão clássico ou de um professor.

No livro um, discutimos o uso do *toque sem apoio* e do *toque com apoio*. Para recapitular, o toque sem apoio envolve puxar a corda ligeiramente para fora, após tocá-la. O toque com apoio consiste em empurrar um dedo "sobre" uma corda, após tê-la tocado, de modo que ele acabe repousando na corda adjacente. Algumas das peças deste livro favorecerão especialmente o uso do toque com apoio. O toque com apoio gera um som mais estridente que ajuda a realçar a melodia. O toque sem apoio deve ser utilizado quando for necessário que várias cordas soem juntas livremente.

Tom e escolha do instrumento

Quando se trata de produzir um tom autêntico de violão clássico, a melhor opção é utilizar as unhas dos dedos da mão direita para conseguir um tom perfeito. Infelizmente, ter unhas longas não funciona muito bem para tocar outros instrumentos de cordas, principalmente a guitarra. Assim, substituí-las por dedeiras é algo comum. Alternativamente, você pode utilizar unhas sintéticas, disponíveis no mercado, ou a ponta dos dedos, para conseguir um tom mais quente e silencioso.

Quanto à sua escolha do instrumento: qualquer violão decente é o bastante, porém um violão clássico espanhol produzirá um som mais autêntico. Um violão de aço dará uma interpretação mais popular às peças. Pessoalmente, gosto do som do dedilhado clássico aplicado à guitarra elétrica. Experimentar com efeitos de dobra ou quantidades muito sutis de *overdrive* pode dar um novo e excitante sabor às peças, compostas cem anos antes da invenção da guitarra elétrica!

Acima de tudo, experimente, encontre o seu próprio som e divirta-se tocando as peças deste livro.

Acesse os áudios

Os arquivos de áudio para este livro estão disponíveis para download gratuitamente em **www.fundamental-changes.com** e o link está no canto superior direito. Simplesmente selecione este título de livro no menu e siga as instruções para acessar os áudios.

Recomendamos que transfira os arquivos diretamente para o seu computador, não para o seu tablet, e que os extraia lá antes de adicioná-los à sua biblioteca multimídia. Em seguida, você poderá colocá-los no seu tablet, iPod ou gravá-los em um CD. Na página de download há um PDF de ajuda e também fornecemos suporte técnico através do formulário na página de download.

Dediquei muito tempo para produzir esses áudios, e você beneficiar-se-á muito em ouvi-los, enquanto estuda as peças deste livro. Eles estão disponíveis gratuitamente, então o que está esperando para baixá-los?!

Acesse: **www.fundamental-changes.com** e baixe os arquivos de áudio.

Lá também temos mais de 350 aulas gratuitas de guitarra para você estudar.

Para mais de 350 aulas gratuitas de guitarra com vídeos, acesse:

www.fundamental-changes.com

Facebook: **FundamentalChangesInGuitar**

Instagram: **FundamentalChanges**

1. Minueto da Sonata Nº 34 em D – Joseph Haydn

(arranjado por Francisco Tárrega)

Franz Joseph Haydn (1732–1809) foi um prolífico compositor austríaco. Além de ser importante para o desenvolvimento da sinfonia e do quarteto de cordas, ele compôs cinquenta e uma sonatas para piano, durante a sua vida.

A peça aqui apresentada é um arranjo do movimento com minueto da sua *Sonata Nº 34 em D*. O minueto é uma dança no tempo 3/4. Ele difere da valsa, devido à presença do seu compasso anacruse característico e ao ritmo saltitante de colcheias e semicolcheias pontuadas em cada batida. No minueto cada batida de um compasso tem a mesma ênfase, em oposição à valsa, que dá ênfase às batidas dois e três de um compasso.

Este arranjo é o primeiro de vários apresentados pelo respeitado compositor e violonista Francisco Tárrega. Em vez de transcrever toda a peça, Tárrega optou por reduzir o minueto de Haydn às suas duas frases melódicas mais memoráveis, que abrem a peça e depois reaparecem no final da obra original.

Este arranjo requer o uso da afinação *drop D*. Isso significa que a corda E (Mi) grave será afinada em D (Ré). Isso nos permite manter a música na sua tonalidade original, enquanto apreciamos uma rica e ressonante nota tônica grave, presente nos compassos um e oito.

Utilize o dedo 2 para digitar a nota D aguda no primeiro compasso. Esticar os dedos 3 e 4, na batida dois, fará com que o dedo 1 fique livre para montar uma pestana na 2ª casa, para a execução do acorde de A maior no próximo compasso.

Mantenha uma pressão moderada na corda Si, quando for executar o *slide* com o dedo 4, da 5ª à 8ª casa. A pressão deve vir de puxar o braço para trás com o cotovelo e de manter o dedo 4 firme. O polegar não deve apertar a parte de trás do braço do violão, enquanto o dedo estiver executando o *slide*. Experimente variar a pressão até conseguir com que o dedo fique firme e as notas soem claramente, para evitar dificuldades na execução do *slide*.

Depois de completar o *slide*, o dedo 3 precisa retornar à 4ª casa, com uma pausa mínima entre as notas. Preste atenção à casa de destino, não à sua mão, para conseguir uma maior precisão.

O dedo 1 liderará cada um dos movimentos ascendentes no compasso três. Mantenha-o pressionado sobre a corda Mi (1ª corda) e una-o aos dedos 2 ou 3, dependendo da *díade* (acorde de duas notas). Depois de utilizar o dedo 4 para digitar a corda Mi (1ª corda), na batida três, descenda até o compasso quatro com um *slide* com o dedo 3. Quando for decidir qual digitação utilizar, procure por dedos utilizados em desenhos de acordes adjacentes, para abordar as partes mais complicadas.

No compasso anacruse na segunda metade da peça, utilize os dedos 1 e 2. Esse trecho irá lhe preparar para a execução de uma pestana na 10ª casa, com o dedo 4. Curve a sua mão de modo que os nós dos dedos fiquem alinhados verticalmente, em vez de paralelos às cordas. Isso ajudará o dedo 4 a alcançar casas mais distantes no braço do violão.

Apesar de todas as notas estarem nas três cordas mais agudas, dedilhar com o dedo **P** produzirá uma separação tonal entre a linha de baixo e a melodia, além de exigir menos destreza no dedilhado, em comparação à destreza exigida se fossem utilizados outros dedos.

Minueto da Sonata em D - Joseph Haydn

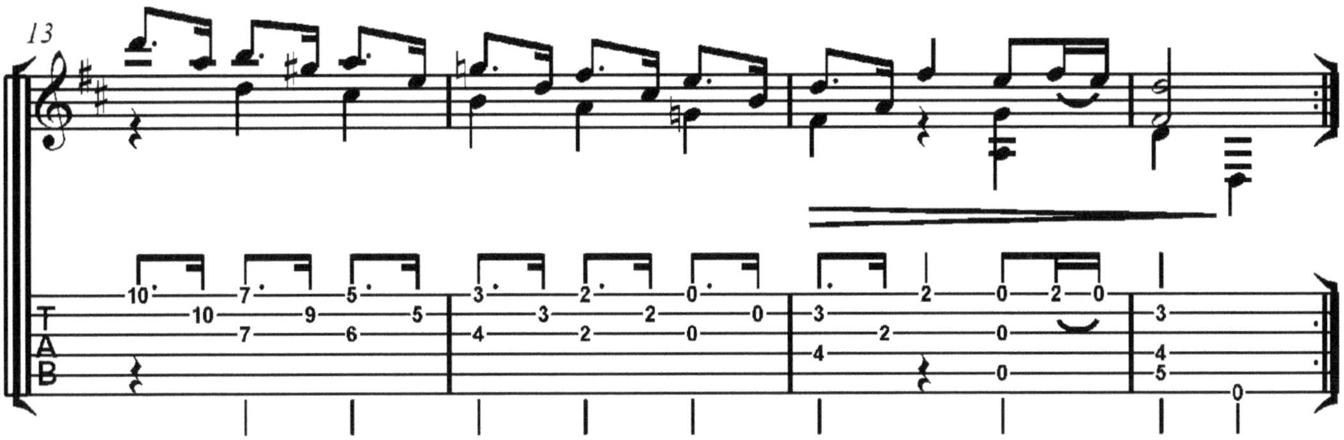
13

2. Ejercicio Nº 9 – José Ferrer

José Ferrer foi um violonista e compositor espanhol, ativo no final do século XIX e início do século XX. Nascido em Girona em 1835, lá viveu até a sua meia-idade. Em seguida, se mudou para Paris para ensinar em um conservatório, antes de retornar à Espanha para morar em Barcelona, durante os últimos quinze anos de sua vida.

José Ferrer compôs cerca de cem peças. Elas eram constituídas principalmente de solos para flauta e violão ou de duetos para violões. Muitas delas foram publicadas durante sua vida e ele ganhou popularidade por suas composições e performances, além de ganhar uma reputação internacional como professor de música.

Este estudo é bastante semelhante em estilo às obras produzidas no início do século XIX por compositores como Matteo Carcassi e Ferdinando Carulli. No entanto, ele também ilustra de maneira sutil a transição do período clássico para o romântico.

Por exemplo, os primeiros quatro compassos esboçam a seguinte progressão de acordes: Em – Am – B7 – Em, utilizando acordes abertos comuns. José Ferrer adiciona mais cor à peça ao construir a melodia utilizando notas não encontradas nesses acordes básicos. No compasso dois, o efeito da combinação de acorde e melodia sugere o movimento de Am7 para Am6, e o início do compasso 4 sugere o acorde de Emadd9.

Certifique-se de manter todas as notas pressionadas pela sua duração completa. A harmonia estendida nos compassos dois e quatro só será aparente se as notas puderem soar livremente sobre os acordes. As hastes voltadas para baixo indicam quais notas devem ser sustentadas.

Em composições do período clássico, essas notas teriam sido consideradas dissonantes e só seriam utilizadas como notas de passagem entre acordes consonantes de batidas específicas. A harmonia mais rica é produzida pela colocação dessas notas, não presentes nos acordes, nas batidas fortes.

Utilize os dedos **P** e **I** para dedilhar os acordes mais agudos nos compassos dois e quatro. Embora seja mais comum utilizar outros dedos nas cordas Sol e Si, o tom mais suave do dedo **P** irá lhe ajudar a diferenciar mais claramente o acompanhamento da melodia.

A frase entre os compassos cinco e oito é muito mais clássica em estilo. Você deve reconhecer o uso de intervalos de décima, posicionados em contraste a uma corda solta repetitiva, presente em muitas peças do livro um.

Para se preparar para executar um desenho de acorde complicado no compasso quinze, será necessário mudar o dedo 1 de posição, movendo-o para cima, a partir da nota grave no compasso quatorze. Angular o pulso e o antebraço para que os nós dos dedos fiquem alinhados na vertical irá lhe ajudar a esticar os dedos. Mova os dedos para baixo até a 4ª casa, na batida 3, compasso quinze, enquanto executa a nota B grave. Essa resolução harmônica é outro exemplo dos traços da era romântica encontrados nos primeiros quatro compassos.

A segunda metade da peça é construída em torno de uma melodia de semínima no baixo. Certifique-se de que cada nota flua suavemente para a próxima nota. No início, pode ser útil ouvir a melodia sem a corda Si solta. Os dedos terão de ser arqueados, para que eles não abafem acidentalmente as cordas mais agudas. Certifique-se de que os nós dos dedos estejam curvados e que a ponta dos seus dedos esteja em contato com a corda.

Por último, para garantir que as notas no compasso 27 sejam capazes de soar corretamente, utilize os dedos 2 e 3 para executar as notas na 2ª casa. Em seguida, mova o dedo 2 para cima até a 3ª casa, antes de utilizar os dedos 3 e 4 para executar um *double-stop* no compasso 28.

Ejercicio Nº 9 – Jose Ferrer

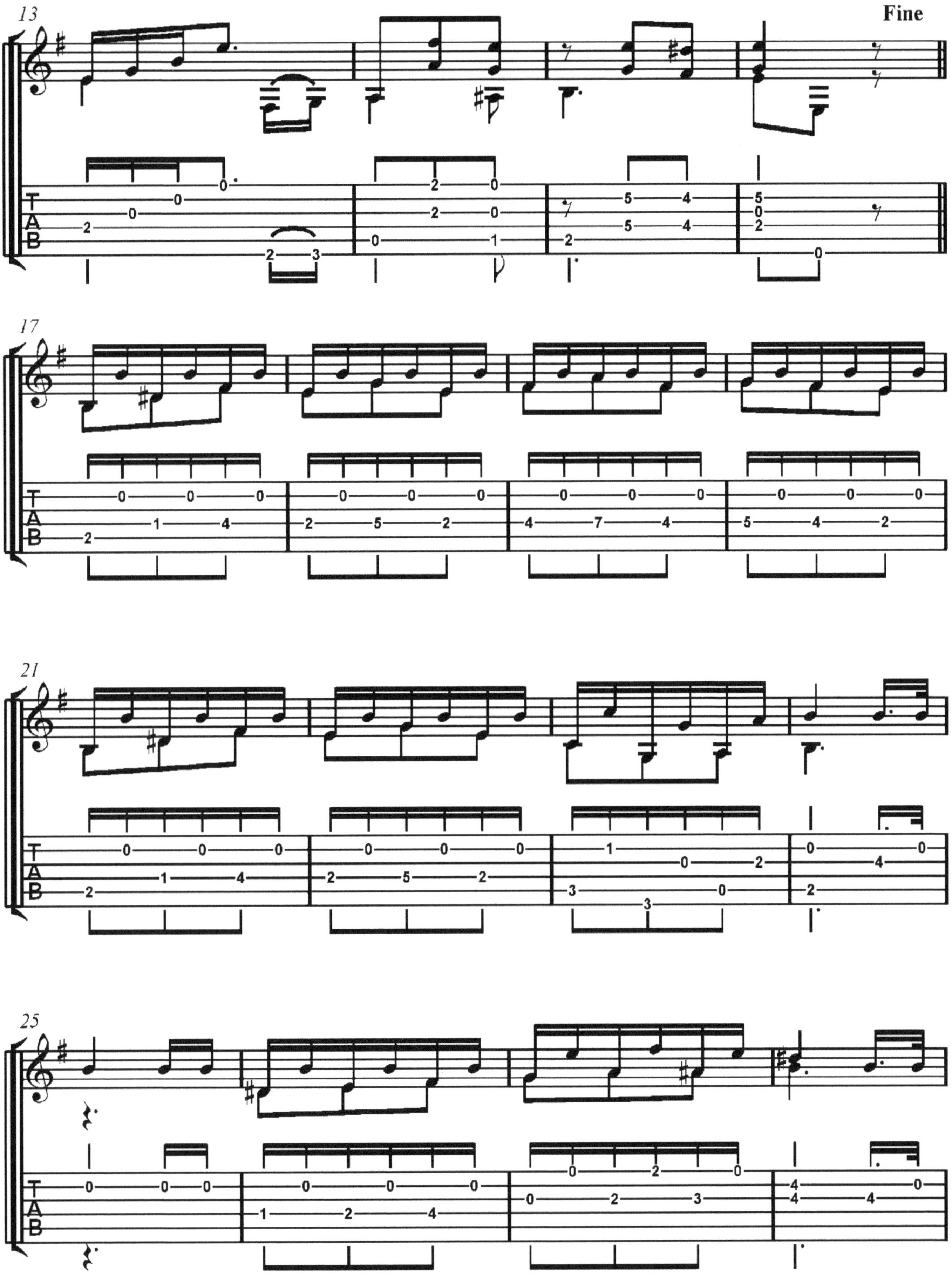
13
Fine
17
21
25

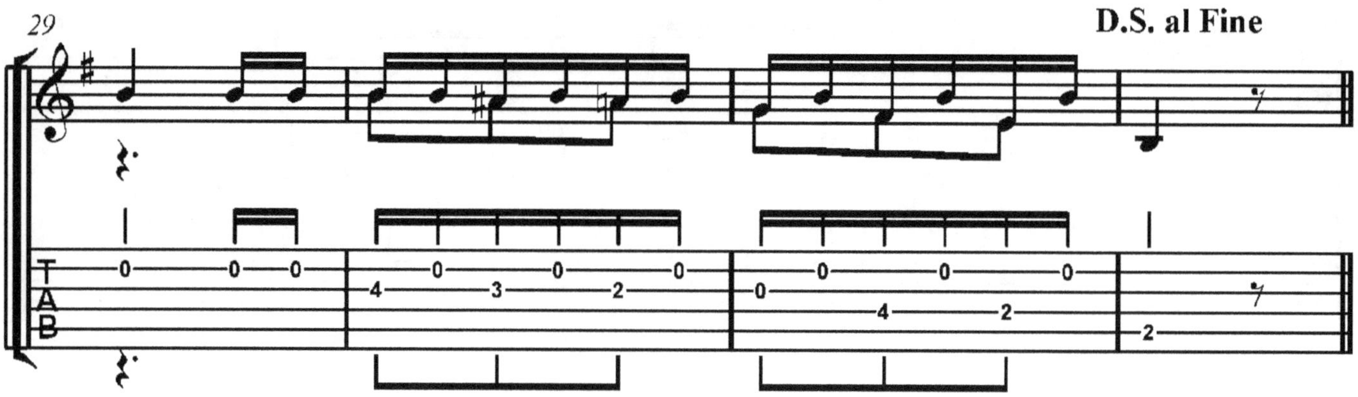
29
D.S. al Fine
T
A
B

3. Estudo Nº 11, Moderato, Op. 31 – Fernando Sor

Os estudos de Fernando Sor para violão continuam sendo muito populares entre os violonistas clássicos, mesmo após 200 anos depois de sua composição. O famoso violonista e professor Andrés Segovia publicou um conjunto de vinte estudos de Fernando Sor em 1945, o que ajudou a revitalizar o legado de Sor e a manter a sua música essencial para o desenvolvimento do violonista moderno.

O livro um desta coleção abordou várias peças de Fernando Sor, incluindo o perene *Estudo Nº 22 em B Menor*, porém aqui temos um estudo menos conhecido da sua coleção *Op. 31*.

Há muitas mudanças dinâmicas expressivas no *Estudo Nº 11*, e o tempo 6/8 lhe dá um caráter semelhante ao de uma dança. A sensação é muito parecida com *Divertimentos Nº 6*, de Matteo Carcassi (capítulo 14).

O termo "dinâmica" se refere ao volume, o qual pode variar de "*p*" (*piano* – suave) para "*f*" (*forte* – alto). Entre eles se encontram o "*mp*" (*mezzo piano* – moderadamente suave) e o "*mf*" (*mezzo forte* – moderadamente alto). Uma letra repetida indica o extremo dessa variação. Por exemplo, "*pp*" significa "muito silenciosamente".

Nesta peça há vários desenhos de acordes abertos comuns que têm as suas notas individualmente executadas. Descobrir sobre quais acordes a peça foi composta irá lhe ajudar a dedilhá-la corretamente e a memorizá-la mais facilmente. A primeira frase é baseada em torno dos acordes com pestana de F, C e Bb.

As notas de tamanho menor, como a presente no compasso sete, são chamadas de *acciaccaturas* (ou "notas ornamentais" no jazz e no pop parlance). Elas não possuem um valor rítmico próprio, por isso não estão incluídas na contagem do tempo do compasso. Em vez disso, elas devem ser tocadas o mais rápido possível, para que se possa tocar a próxima nota no seu tempo completo.

Se o ritmo do compasso sete parecer complicado, toque a linha superior sem os acordes para que você domine a melodia e a execução da acciaccatura. Estude isoladamente a segunda metade do compasso para fazer com que o movimento dos dedos flua suavemente. Como sempre, ouça os áudios de exemplo para assimilar o ritmo.

A mesma ideia surge duas vezes na parte 2 da peça. O *pull-off* na 3ª casa deve ser feito com o dedo 4, enquanto o dedo 3 pressiona a nota grave por todo o compasso. Verificar, na notação, quais notas estão pontuadas é um bom indicador para descobrir quais notas devem ser mantidas pressionadas ou não.

Os compassos catorze e quinze constituem o clímax dramático da peça. Dedilhe com força e diminua a velocidade para dar uma sensação de peso às notas. Ouça o áudio para ouvir como utilizo os acordes de Bb menor e de Bb maior, no compasso quinze, para tirar o máximo proveito dessa impressionante mudança harmônica. Finalmente, execute um rápido *pull-off*.

A execução da peça no compasso seguinte deve retornar a um ritmo uniforme, até o surgimento de uma pausa no acorde de F maior no compasso 17. Aqui a nota A aguda é sustentada, enquanto a linha de baixo descendente é representada por pontos de staccato, o que significa que as notas devem ser curtas e fortes.

Posicione o dedo 1, no início do compasso dezenove, de modo que seja possível preparar, com o mínimo de ajuste, a execução do acorde com pestana que virá logo em seguida.

Finalmente, a seção de encerramento, do compasso 21 em diante, utiliza um padrão de "chamada e resposta", entre as frases agudas de *double-stops* e as frases graves da linha de baixo. Preste atenção à notação referente à dinâmica para tornar a peça convincente e memorável.

Os últimos quatro acordes de F devem diminuir de volume gradualmente. A essa altura, o drama musical já foi resolvido e estamos apenas diminuindo o volume da peça, para finalizá-la na tônica.

Op. 31, Estudo Nº 11, Moderato – Fernando Sor

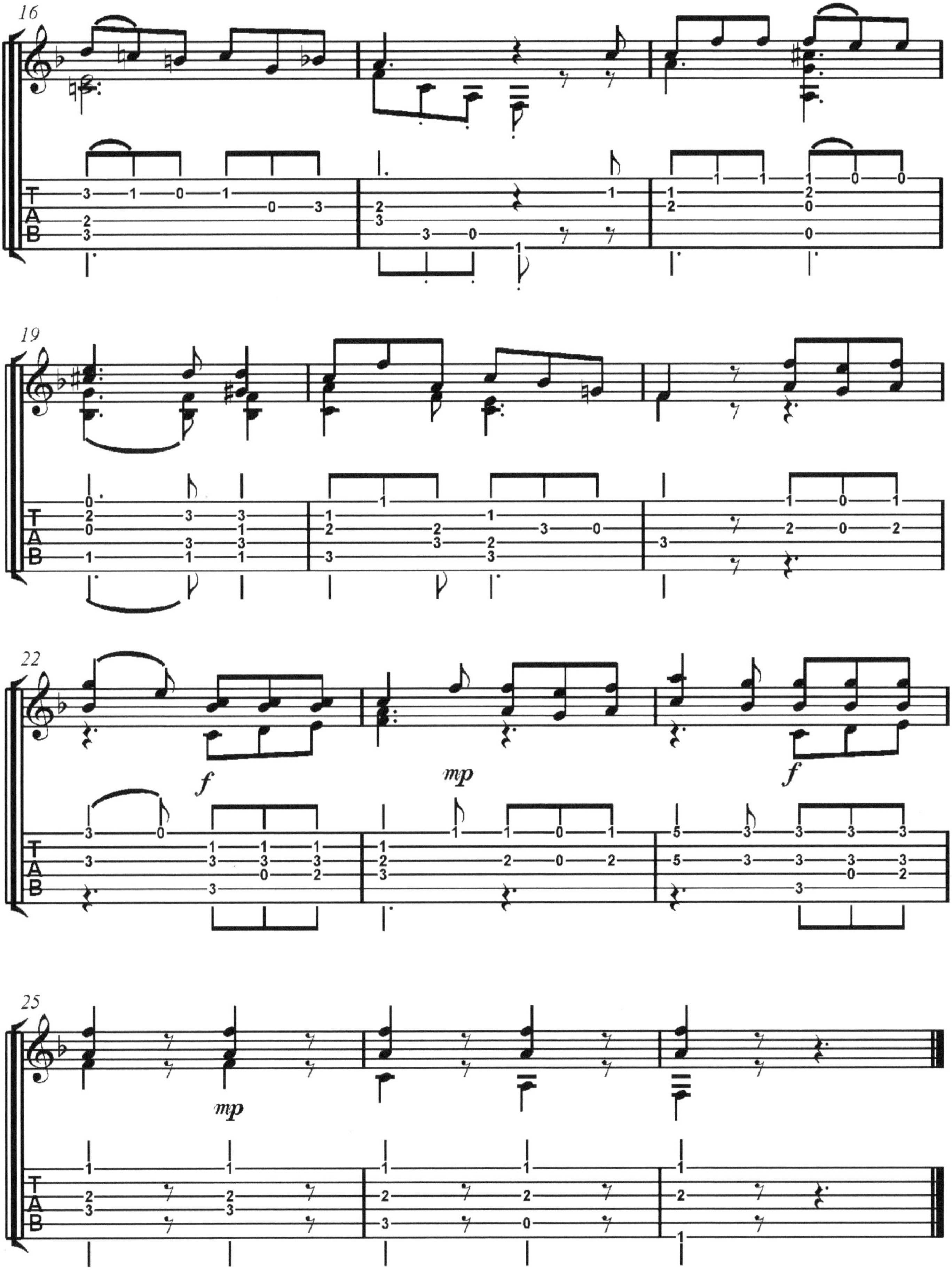
16
19
22
f
mp
f
25
mp
TAB

4. Valsa em D, Op. 7, Nº 2 – Dionisio Aguado

Nosso próximo compositor é o violonista espanhol Dionisio Aguado (1784–1849). Aguado nasceu em Madrid e, após se mudar para Paris, se tornou amigo de Fernando Sor. Ao longo de sua vida, Aguado teve dezesseis obras publicadas, as quais variam muito em duração e dificuldade. Além disso, o seu primeiro livro sobre método de estudos é publicado até hoje.

No início do século XIX, os violões tinham comprimentos de escala mais curtos. Infelizmente, isso faz com que as peças deste período sejam muito mais desafiadoras de tocar em um violão moderno.

O uso de uma nota ornamental (*acciaccatura*) e uma fusa faz com que o compasso um pareça ritmicamente complexo, mas ouça atentamente o áudio de exemplo e copie o seu fraseado. Toque o primeiro compasso lentamente o bastante para que você possa bater o pé a cada vez que uma das três colcheias for tocada no compasso. Fazer com que a segunda batida do pé ocorra na execução da segunda nota A fará com que você tenha controle sobre o fraseado. O motivo de abertura é alterado várias vezes ao longo da peça, logo dominar o primeiro compasso trará vários benefícios.

A melodia se move pelo braço do violão, e as mudanças maiores exigirão prática para serem dominadas. A primeira mudança é iniciada na 10ª casa, com o dedo 4, e termina na 3ª casa, com o dedo 1. Muitas vezes, há formas mais fáceis de tocar as notas desse compasso, no entanto a forma notada permite que as notas dos acordes soem tão juntas quanto possível.

Mantenha cada dedo pressionado, conforme você for montando o acorde de Dó maior (utilizando o desenho do acorde de C), no compasso dois. Nos dois compassos seguintes, não utilize o dedo 1 para montar o acorde de A maior, mas utilize-o para montar o terceiro desenho de acorde, que surgirá no compasso na corda Mi (1ª corda). Para montar o acorde de D maior no compasso quatro você deve utilizar os dedos 1, 2 e 3, deixando o dedo 4 livre para iniciar o recorrente motivo melódico da peça.

A nota de passagem cromática no compasso quinze é de particular interesse. Além de permitir que a linha da melodia se mova suavemente entre dois acordes, ela também desempenha um papel harmônico. Note como a nota F adiciona cor à peça. Ela sugere uma progressão de acordes de D maior – D menor – A maior. O acorde de D menor não pertence a essa tonalidade, mas é uma substituição comum em muitos estilos de música. Memorize esse padrão e você será capaz de reconhecê-lo em muitas peças de todos os estilos musicais.

Os compassos 21 e 22 apresentam duas rápidas e seguidas mudanças de posição. Siga o dedilhado notado para obter melhores resultados. A mão esquerda terá de se esticar e encolher, à medida que for se movendo no braço do violão.

Por último, lembre-se que esta peça é uma valsa, portanto cada frase deve ter um pulso rítmico forte e consistente, mesmo que você utilize pausas expressivas no final de cada frase — a maioria dura oito compassos.

Valsa em D, Op. 7, Nº 2 – Dionisio Aguado

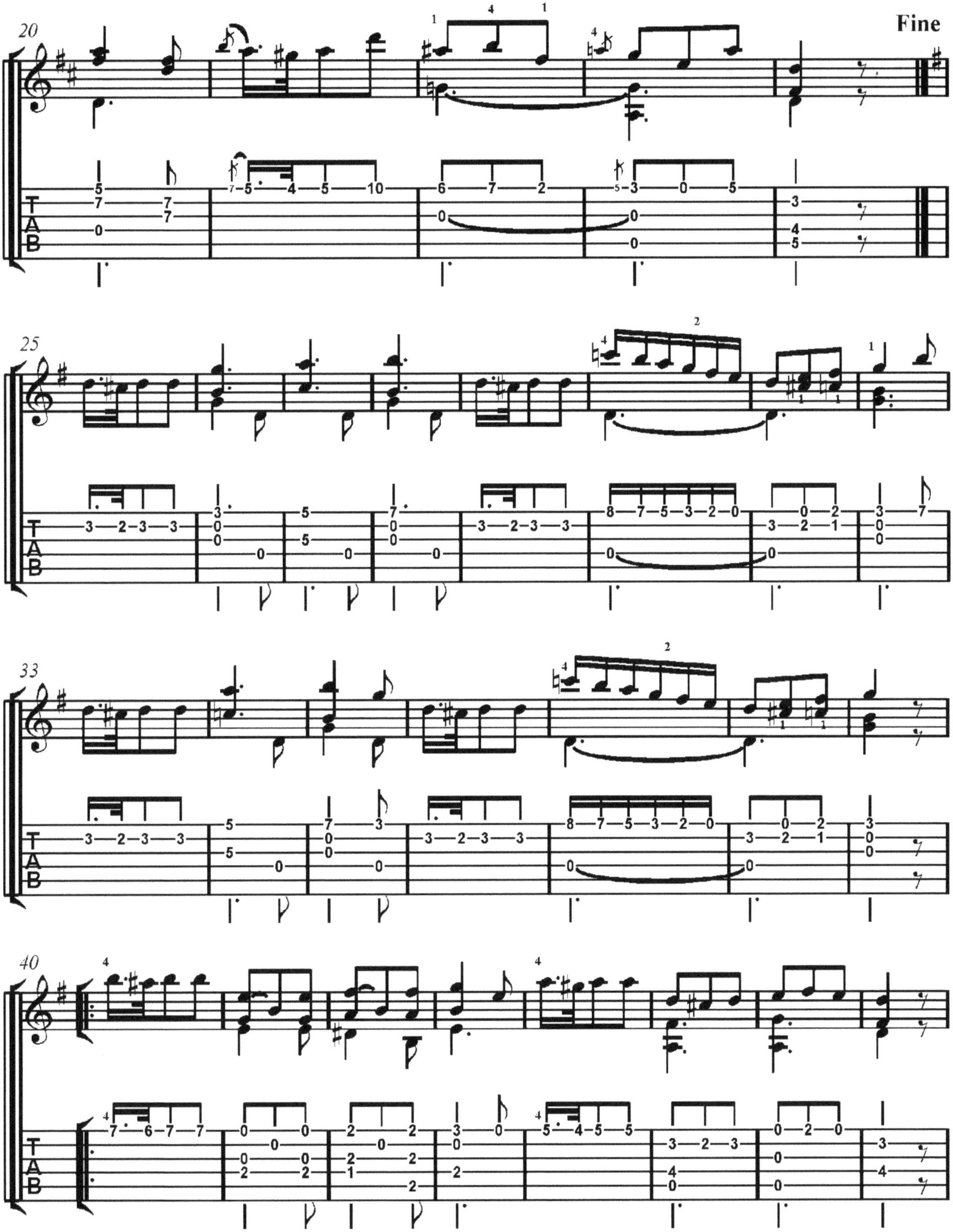
Fine

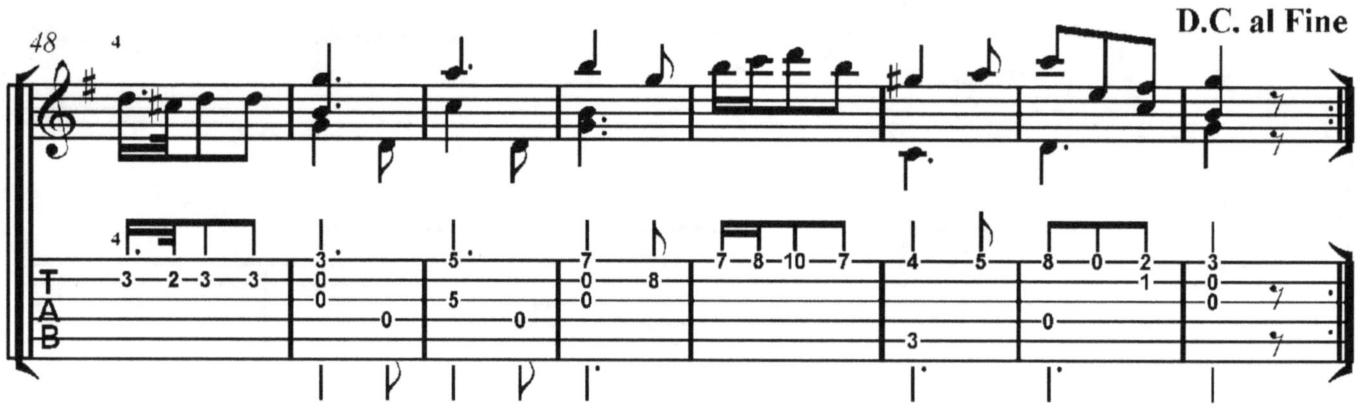
48
D.C. al Fine
TAB

5. Bagatela Nº 2, Op. 4 – Heinrich Marschner

Embora menos lembrado do que seus contemporâneos (Beethoven, Wagner e Schumann), Heinrich Marschner foi um mestre da ópera alemã e muito aclamado durante a sua vida. Ele também escreveu canções e música de câmara instrumental. Esta bagatela de Marschner é bastante breve, com modestos dezesseis compassos (excluindo as repetições). No entanto, ela é uma peça muito rica.

As mudanças frequentes entre os diferentes padrões de dedilhado podem ser confusas no início. Na peça há melodias com *double-stops*, padrões alternados de dedilhado, acordes de quatro notas e arpejos rápidos para você executar. Uma vez que todas as seções tenham sido estudadas separadamente, o desafio será fazer com que elas fluam como uma peça musical coesa.

Algo muito bom para desenvolver o seu desempenho é gravar você mesmo tocando. Ouvir-se a si próprio permitir-lhe-á ser mais objetivo sobre a sua forma de tocar. Além disso, você poderá ouvir a si mesmo de forma mais distanciada. Note possíveis alterações indesejadas na dinâmica ou no tempo. Para que as seções fluam juntas, não deve haver uma mudança discernível entre as diferentes técnicas, a menos que a música a exija explicitamente.

A parte um tem muitos desenhos de acordes já conhecidos, como os de D, G e A, mas precisaremos de algumas digitações alternativas para navegarmos através dessas mudanças, enquanto mantemos as notas do baixo. O acorde de G maior, no compasso um, deve ser tocado com o dedo 3 na nota tônica grave, liberando os dedos restantes para executar os *double-stops* agudos. Isso facilita a mudança para o acorde de E7 na batida 4. Troque o dedo 3 pelo dedo 1 para executar a nota G grave e utilize os dedos 2 e 4 para executar o acorde de E7.

Mantenha o dedo 2 pressionado para executar a mudança do E7 para o A no compasso dois. No acorde seguinte, é comum posicionar o dedo 3 sobre a corda Sol.

No compasso seis, o acorde de A maior é tocado de forma diferente. Utilizar a corda Ré não é necessário, portanto utilize os dedos 1 e 2 para digitar as duas das três notas do acorde.

Provavelmente, a seção tecnicamente mais exigente é a do compasso onze, onde rápidas mudanças de acordes ocorrem. Oito desenhos de acordes num só compasso! Os primeiros quatro são os mesmos que os dos compassos um e dois, portanto as instruções de digitação acima irão lhe ajudar. Uma mudança repentina é necessária para alcançar o quinto acorde, no entanto as digitações adicionadas à notação mostrar-lhe-ão como executar esse compasso.

Felizmente, o tempo é bastante lento, mas deve haver um espaço mínimo entre cada acorde. Depois de memorizar cada desenho de acorde, toque todo o compasso onze lentamente, repetindo-o todos os dias. No final, você será capaz de tocar essa sequência naturalmente, com movimentos contínuos.

Os compassos doze e treze são essencialmente baseados na parte um da peça.

Preste atenção às tercinas no fim da peça. A batida em geral deve permanecer constante durante todo o tempo, mas em vez de contar 1, ..., 2, ... etc, conte: 1, ..., ..., 2, ..., ..., 3 etc.

Para as três primeiras sequências em tercina, utilize o dedo 4 na corda Mi (1ª corda).

O símbolo "*sfz*" significa "*sforzando*". Assim como o *marcato* (>), ele requer um ataque súbito e alto. Isso significa que o acorde no final da batida quatro deve ser dedilhado em volume alto, apesar da notação dinâmica de *piano* presente no compasso doze.

Bagatela Nº 2, Op. 4 – Heinrich Marschner

6. Adelita! – Francisco Tárrega

Agora, retornamos à música espanhola para apreciar uma curta peça de Francisco Tárrega. A *Adelita* é baseada na *mazurca* (veja abaixo). A interpretação de formas de dança e o modo como elas se tornaram parte da música clássica foram abordados no livro um. Este belo exemplo mostra como o núcleo de uma dança pode ser traduzido em uma peça de performance.

A mazurca era originalmente uma dança polaca que se espalhou pela cultura europeia. Ela é sempre executada no tempo 3/4 e tem uma contagem pronunciada de *"1,... , 2, 3"* com ênfase na batida 2 ou 3. A dança deve estar em uma velocidade animada, e o efeito geral deve ser parecido como o de uma marcha combinada com uma valsa. O tempo 3/4 é mantido através de um estrito fraseado rítmico.

Frédéric Chopin escreveu muitas mazurcas para piano e, sendo polonês, ele estaria muito familiarizado com o ritmo autêntico delas. É interessante notar que estamos ouvindo esta peça através dos ouvidos de Tárrega. Sua influência espanhola pode ser detectada, se você comparar as performances da obra de ambos os compositores. Ouça a *Mazurca em G Maior,* de Tárrega, e observe semelhanças rítmicas com as obras de Chopin. Sua interpretação languidamente espanhola ainda está presente, mas a composição é mais complexa, com elaborados ornamentos do começo ao fim.

A *Adelita* utiliza técnicas de legato, para que as frases melódicas pareçam relaxadas. Há vários *slides* longos, muitos *hammer-ons* e *pull-offs*.

A *Valsa em D,* de Dionisio Aguado, e o *Estudo Nº 11,* de Fernando Sor, possuem acciaccaturas, e nesta peça duas delas são utilizadas em rápida sucessão no compasso quatro. Ouça atentamente o áudio de exemplo para ouvir como o ritmo sofre uma pausa após a barra do compasso para dar espaço à execução de um ornamento, antes que as notas sejam tocadas na sua duração completa, na batida um.

O compasso 4 também apresenta o nosso primeiro *slide*. A maioria dos violonistas utiliza uma pausa após um ornamento inicial e, em seguida, aumenta novamente a velocidade nas cinco notas restantes do compasso. A nota da 7ª casa deve ser digitada com o dedo 4, que é então mantido pressionado, para em seguida executar um *slide* até a 12ª casa.

Se o movimento entre as 3ª e 7ª casas parecer-lhe desconfortável, abaixe a posição do polegar, atrás do braço do violão. Faça pausas regulares e mantenha a sua mão o mais relaxada possível para evitar qualquer tensão desnecessária.

A estrutura da peça é AABA. A seção A está na tonalidade sombria de E menor, enquanto a seção B fornece um contraste dramático. Repare como o ambiente fica alegre quando fazemos a transição para o compasso nove. Tal uso colorido de harmonia é característico do período Romântico. A justaposição liberal de tonalidades foi uma ruptura radical com o estilo Clássico, onde as mudanças harmônicas eram feitas por um desenvolvimento lógico, através de cadências e tonalidades intimamente relacionadas. Ir de uma tonalidade maior para uma tonalidade menor na mesma nota tônica (neste caso a nota E) é conhecido como uma *modulação paralela.*

O clímax musical da peça ocorre nos compassos dez e onze. Para se preparar para o *slide* que vai até a 12ª casa, faça uma pestana no desenho do acorde de D, na 4ª casa, com o dedo 1. Ambos os grupos de acciaccaturas devem ser digitados com os dedos 3 e 4. Isso permite que os dedos 1 e 2 fiquem livres para digitar as notas graves.

Há muita expressão musical a ser extraída do compasso treze, portanto, após ganhar confiança na execução das notas, foque em seguir a notação da dinâmica. *Molto ten* significa *tenuto,* que por sua vez significa que as notas devem ser tocadas por mais tempo. Imaginar que cada uma das notas deva se tornar repentinamente *"mais pesada"* irá lhe ajudar a executar a frase apropriadamente.

Adelita! – Francisco Tárrega

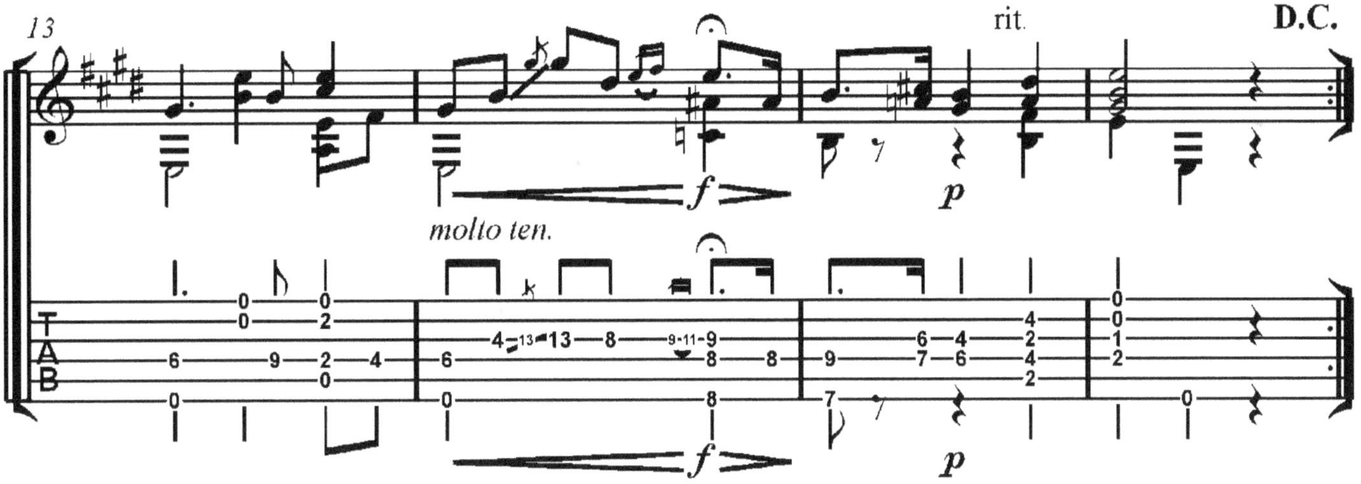
13
rit.
D.C.
molto ten.
f
p

7. Valsa em E Maior – Matteo Carcassi

Voltamos no tempo para estudar Francisco Tárrega e agora estudaremos uma peça de Matteo Carcassi. Esta *Valsa em E maior* é a primeira peça de sua coleção *Op. 16* de peças solo intitulada *Divertimentos*.

Esta valsa destaca a importância de enfatizar diferentes batidas para produzir uma sensação particular. O ritmo dos compassos de abertura se parece com a *Mazurca* de Tárrega, mas, diferentemente da mazurca, ele possui um ritmo menos rígido, com acentuação nas batidas 2 e 3, que resulta no ritmo: 1 **2 3**, 1 **2 3**.

Esta peça usa a afinação em E aberto. O termo "afinação aberta" significa que as cordas são afinadas com base em um desenho de acorde aberto comum. Na afinação em E aberto, as cordas são afinadas com base em um acorde de E. Das cordas graves para as agudas a afinação é a seguinte: E, B, E, G#, B, E. Outras afinações comuns de violão são as afinações em D aberto e G aberto.

Para tocar na afinação de E aberto, as cordas D (Ré) e A (Lá) precisam ser afinadas em um tom acima. Logo, talvez seja interessante afinar o violão com cordas mais leves — especialmente se você estiver tocando essas peças em um violão com cordas de aço de alta-tensão. Alternativamente, você pode afinar cada corda em um tom abaixo e depois afiná-las em E aberto, para reduzir a tensão no braço da guitarra. Você deve seguir a notação/tablatura normalmente, porém a peça soará como se estivesse na tonalidade de D maior.

Nos compassos um e dois, utilizar cordas soltas pode parecer fácil, mas a melodia será obstruída, se você não abafar a corda Mi (1ª corda), logo após tocar a corda Si. A melhor maneira de executar isso consiste em repousar os dedos da mão direita sobre as cordas. Pratique posicionar o dedo **A** sobre a corda Mi (1ª corda), enquanto o dedo **M** dedilha a corda Si, de modo que haja uma transição perfeita entre as duas cordas, sem qualquer sobreposição.

Sua mão deve permanecer na 4ª posição, na execução da primeira parte, exceto no compasso três, quando uma mudança de posição para a 1ª casa é exigida, para que uma escala cromática ascendente possa ser tocada. Esteja preparado para estudar esse compasso lentamente, para que você obtenha coordenação entre os quatro dedos da mão esquerda.

A parte dois combina duas técnicas interessantes. No compasso nove há fragmentos de acordes, ao longo das duas cordas superiores. Embora seja executada uma nota por vez, cada batida representa um acorde, e as notas devem ser mantidas juntas. Utilize o dedo 1 na corda E aguda durante todo o compasso e alterne os dedos 2 e 3 na corda Si, dependendo do desenho do acorde.

Estas sequências com fragmentos de acordes são contrastadas com alguns harmônicos naturais. Devido à afinação alterada, esses harmônicos formam belos e delicados acordes maiores. Você precisará prestar atenção especial às mudanças de digitação exigidas no início de cada compasso, para conseguir posicionar um dedo específico nas cordas onde serão executados os harmônicos. Para executá-los, lembre-se de pressionar suavemente as cordas diretamente sobre o traste de metal para obter harmônicos bons e claros. Em seguida, remova o dedo das cordas, para evitar abafá-las prematuramente.

Do compasso dezessete em diante a peça não deve apresentar muitas dificuldades, mas lembre-se de observar a súbita mudança na dinâmica, de *f* para *pp.*

Valsa em E Maior – Matteo Carcassi

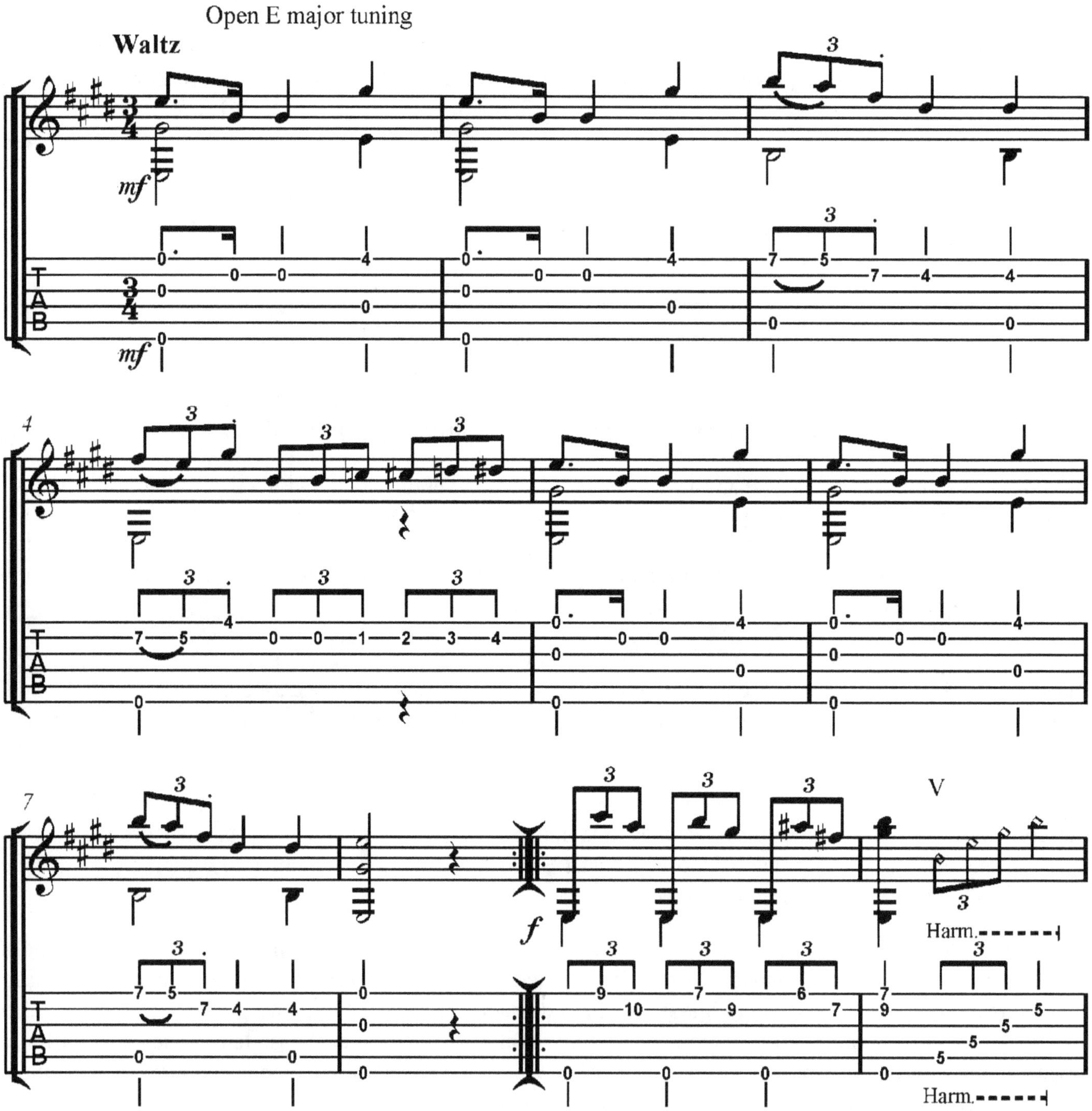

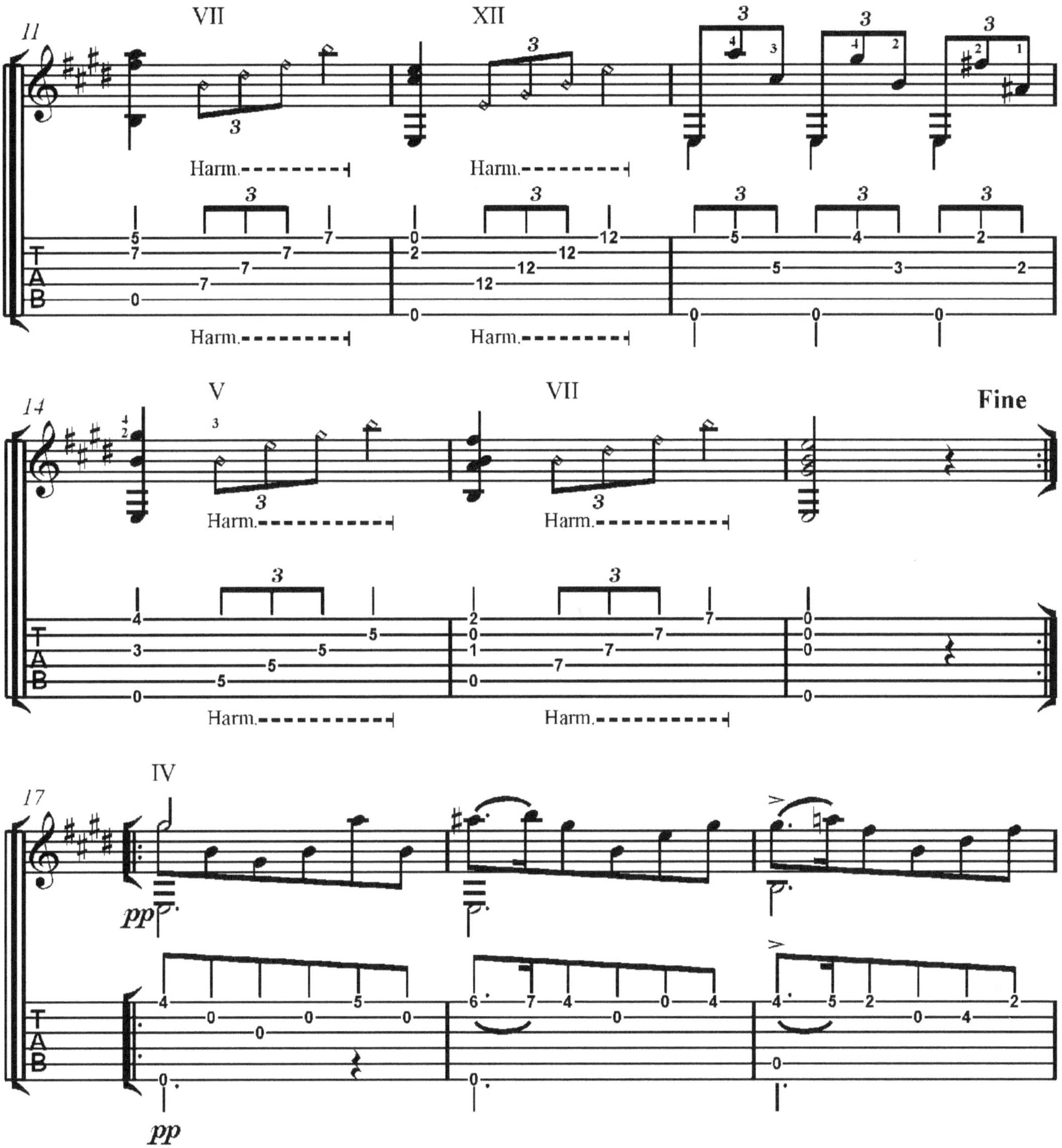
11
VII
XII
Harm.
Harm.
Harm.
Harm.
14
V
VII
Fine
Harm.
Harm.
Harm.
Harm.
17
IV
pp
pp

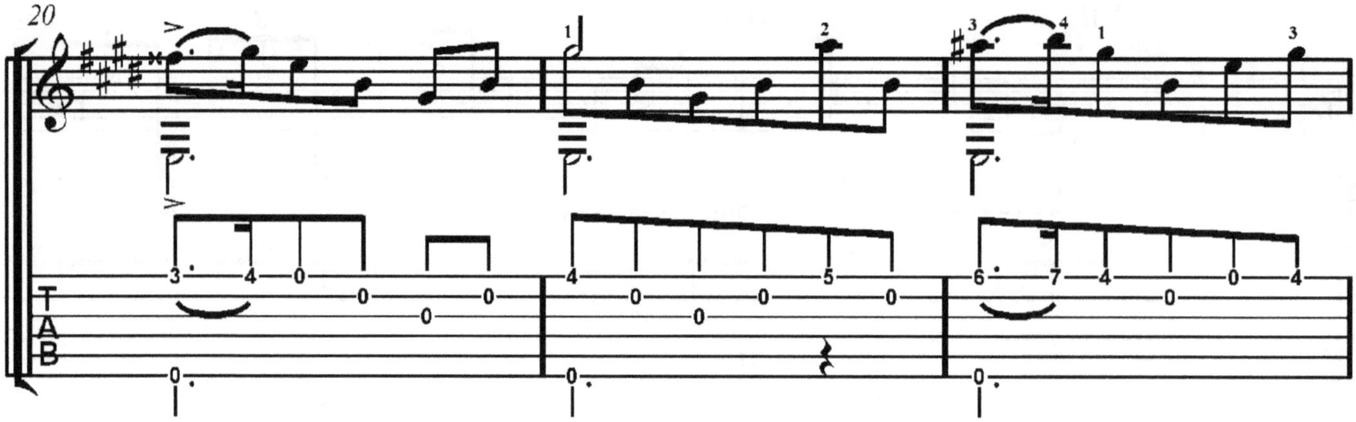
20

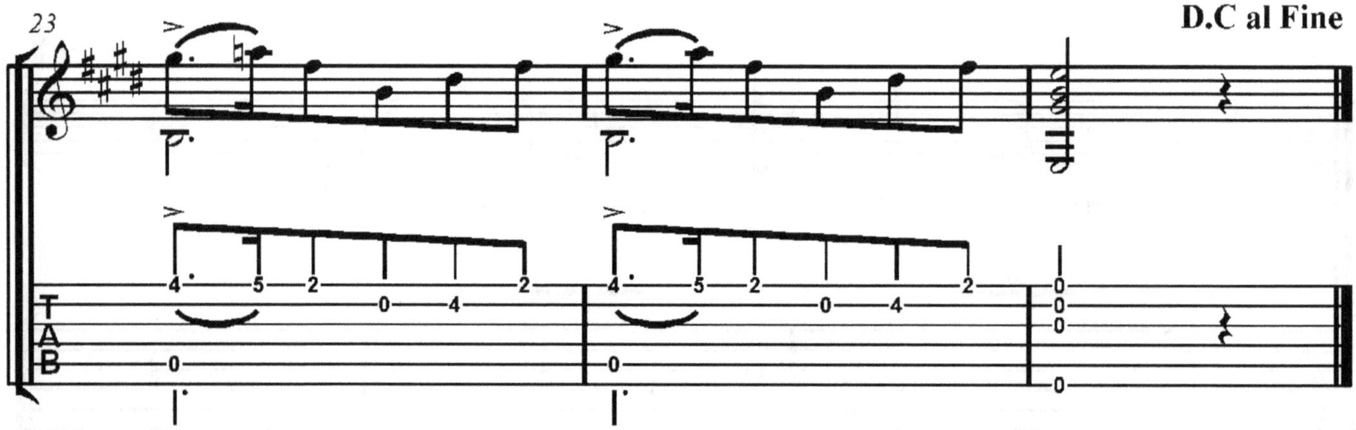
23
D.C al Fine

8. Pavana – Gaspar Sanz

Gaspar Sanz (1640–1710) foi um compositor, teólogo e sacerdote espanhol do início do período barroco. O seu principal instrumento era o órgão, porém ele começou a tocar violão, enquanto estava viajando pela Itália para continuar os seus estudos. E é pelo violão que ele é lembrado.

Como outros compositores que estudamos, Gaspar Sanz se tornou um notável professor de violão quando regressou à Espanha. Ele inclusive deu aulas ao filho do rei. Além disso, publicou três volumes de obras pedagógicas intitulados *Instrucción de Música Sobre la Guitarra Española,* em 1674, 1675 e 1697.

Os manuscritos originais estão disponíveis gratuitamente na internet, e recomendo que você os procure para poder vislumbrar a história da música. Existem alguns divertidos e estranhos *"diagramas"* de acordes representando uma mão desencarnada e o mais interessante: as peças foram compostas em uma forma arcaica de tablatura. À primeira vista, a notação parece muito familiar: números nas linhas, divisão de compassos com valores rítmicos acima das notas. No entanto, se você tentar tocar a partir deste guia, a peça soará horrível!

A razão disso é que o layout das cordas na página está invertido. Isso faz algum sentido, já que os iniciantes muitas vezes se confundem com a posição das cordas graves e agudas na tablatura. Hoje em dia, lemos tablatura com a corda aguda na linha superior. A minha teoria é que essa *"inversão"* ocorreu na época em que a notação convencional se tornou dominante em toda a Europa, e os violonistas começaram a utilizar ambos os sistemas.

O mais importante é que ela contém apenas cinco linhas. O violão barroco tinha apenas cinco cordas, que às vezes eram emparelhadas, de modo similar ao violão de 12 cordas ou bandolim. Esse instrumento representou uma fase de transição, à medida que a era renascentista do alaúde evoluiu lentamente para o violão moderno. Consequentemente, raramente precisaremos tocar a corda Mi (6ª corda) nesta peça. Dito isso, nos compassos onze e doze, foi acrescentada uma *"energia"* extra, com a adição das notas graves G, F e E, que dão força ao final da frase.

Em *Pavana* há uma abundância de sequências solo de escala que resultam em acordes, bem como seções de linha de baixo tocadas através de notas mais agudas sustentadas. São necessárias escolhas cuidadosas de digitação para evitar diminuir o tempo dessas notas. No compasso um, utilize os dedos 1 e 3 no acorde de A menor, que é mantido pressionado sobre a linha de baixo móvel. No compasso dois, o dedo 2 pode sustentar a nota tônica durante todo o processo, enquanto os dedos 1 e 4 tocam a melodia.

Os compassos oito e nove precisarão de atenção especial para que a melodia flua sem problemas. Pratique primeiro a linha de única nota, sem a nota grave, para assimilar o som. Também pode ser útil cantar essa parte em voz alta. Observe como a melodia se comporta na batida três do compasso nove, tão logo a linha do baixo começa a se formar para adentrar no compasso dez. Esta sobreposição de partes melódicas nos dá uma pista sobre o estilo de *"contraponto"* de J. S. Bach (a peça *Bourrée* de Bach foi abordada no livro um). Isso também é conhecido como *"junção por encaixe"*.

Nos compassos 26 e 27 você deve mudar de posição, antes de tocar cada nota grave, para que você consiga tocar as rápidas sequências de três notas. Utilize *hammer-ons* para que essas sequências soem suaves e rápidas. Se você não se sentir confortável com os *hammer-ons* e *pull-offs*, dedilhar alterando os dedos pode ser uma opção.

A *pavana* era uma dança processional italiana, popular em toda a Europa, nos séculos XVI e XVII. Por isso, em termos de emoção, tente executá-la com uma orgulhosa e régia afetação, colocando ênfase nas batidas 1 e 3, do começo ao fim.

Pavana – Gaspar Sanz

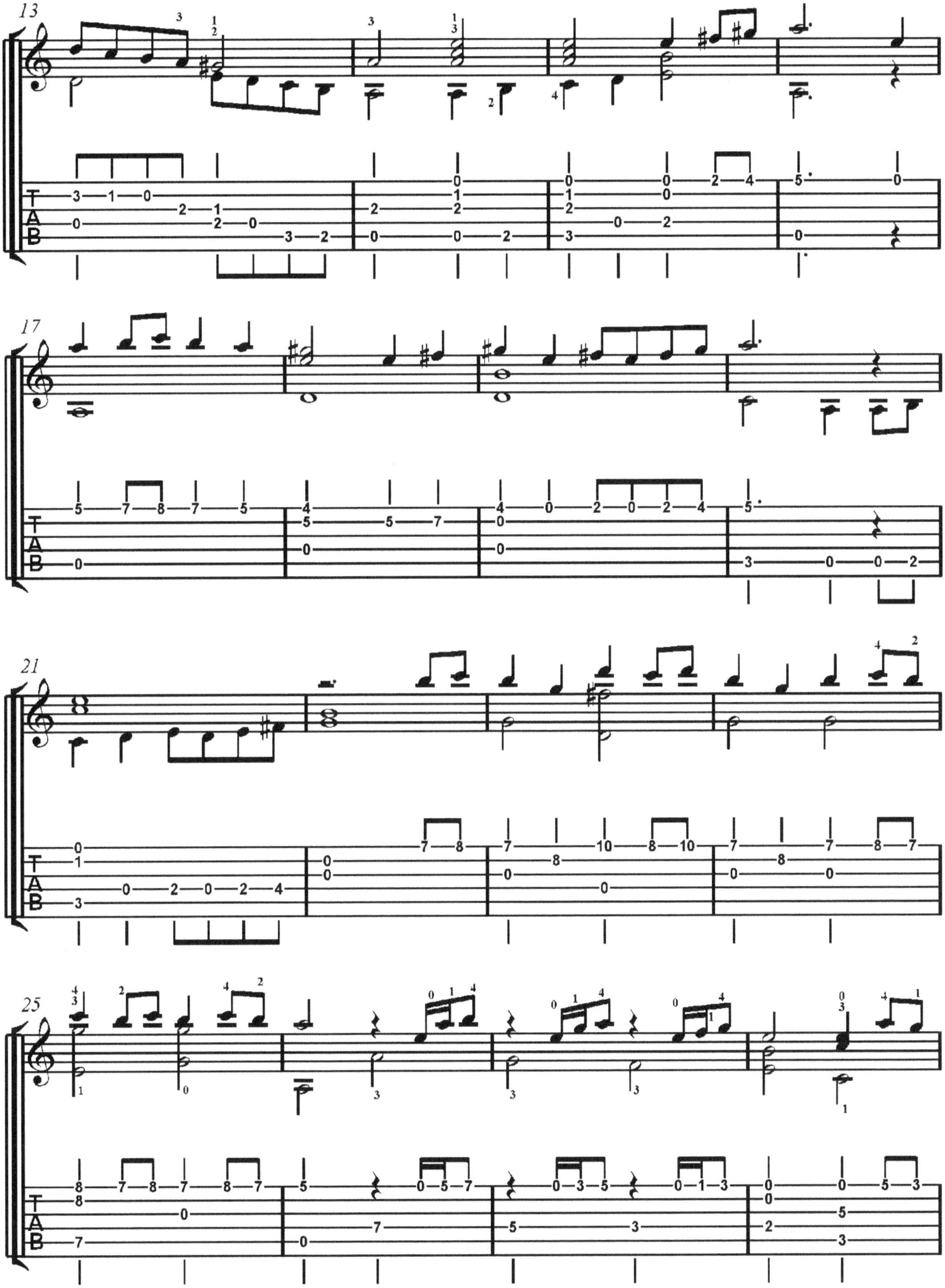
13
17
21
25
T
A
B

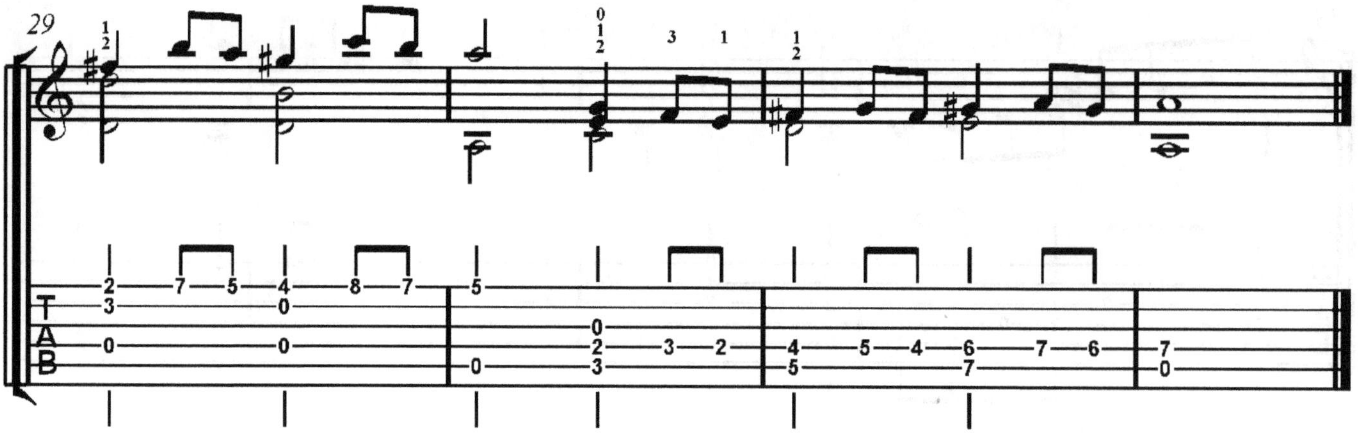
29

9. She Moved Through the Fair – Tradicional

Aqui está uma peça menos conhecida do cânone da música popular britânica. Esta música teve origem na Irlanda, e — como acontece na tradição popular — agora existem várias versões dela, com nomes diferentes em outras regiões da Grã-Bretanha. A letra tem uma relação com o poeta Padraic Colum, que foi além do verso tradicional, transformando-o em música.

Este arranjo começa com uma interpretação rígida da música principal, antes de embarcar em uma série de variações, que utiliza notas pedais sob os acordes, grandes blocos de acordes e alguns exemplos de contraponto.

Tocar uma melodia solo exige técnicas sutis e expressivas, para dar-lhe personalidade. Adicione um pouco de vibrato às notas mais longas e imagine como um cantor cantaria naturalmente mais alto as notas mais agudas. Comece tocando cada frase em volume baixo, para que você seja capaz de dedilhar com mais vigor, à medida que a peça for ascendendo, dando sentimento à melodia, para manter o interesse do ouvinte.

Certifique-se de que as notas A, na 5ª casa, no compasso três, sejam digitadas com o dedo 4, visto que isso deixará os dedos restantes livres para executar a transição para o acorde seguinte. As setas para cima indicam que o acorde deve ser tocado lentamente, para que cada nota possa ser ouvida. Isso dá ênfase às notas agudas que formam a melodia.

Considere adotar a abordagem oposta de dinâmica nos compassos quatro e cinco. À medida que a melodia se mover de volta para a nota D, suavize gradualmente seu ataque para dar um relaxamento à frase.

Cada nota melódica na próxima seção é harmonizada com um novo acorde. Observar os padrões como partes de acordes, maiores e menores, com pestana irá lhe ajudar a identificar cada um deles e tornar mais fácil o aprendizado e a compreensão da música. A corda Ré é sustentada do início ao fim. Isso é conhecido como *nota pedal*. Tal efeito cria uma tensão sutil entre a linha do baixo estática e os acordes móveis.

O compasso dezessete tem uma pequena seção com contraponto. A melodia principal ascende lentamente, enquanto a segunda melodia, mais rápida, descende. Executar as notas desse compasso de forma consistente exigirá bastante prática, para garantir que a execução técnica esteja perfeita, especialmente no acorde de G/F# na batida 4.

Esses desenhos de acordes começam a se tornar mais difíceis a partir do compasso 21. Eles são mais cromáticos e influenciados pelo jazz, em comparação com a primeira metade da peça. Além disso, não possuem cordas soltas. O dedilhado deve ser um padrão de **P,** alternando com **I**, **M** e **A,** em um movimento de garra.

Para fechar a peça, temos uma última frase baseada em acordes. Tal como nos compassos anteriores, temos quatro acordes, um por batida. As notas graves são colocadas à frente do resto dos acordes para adicionar uma sensação de movimento ao final da peça.

She Moved Through the Fair - Tradicional

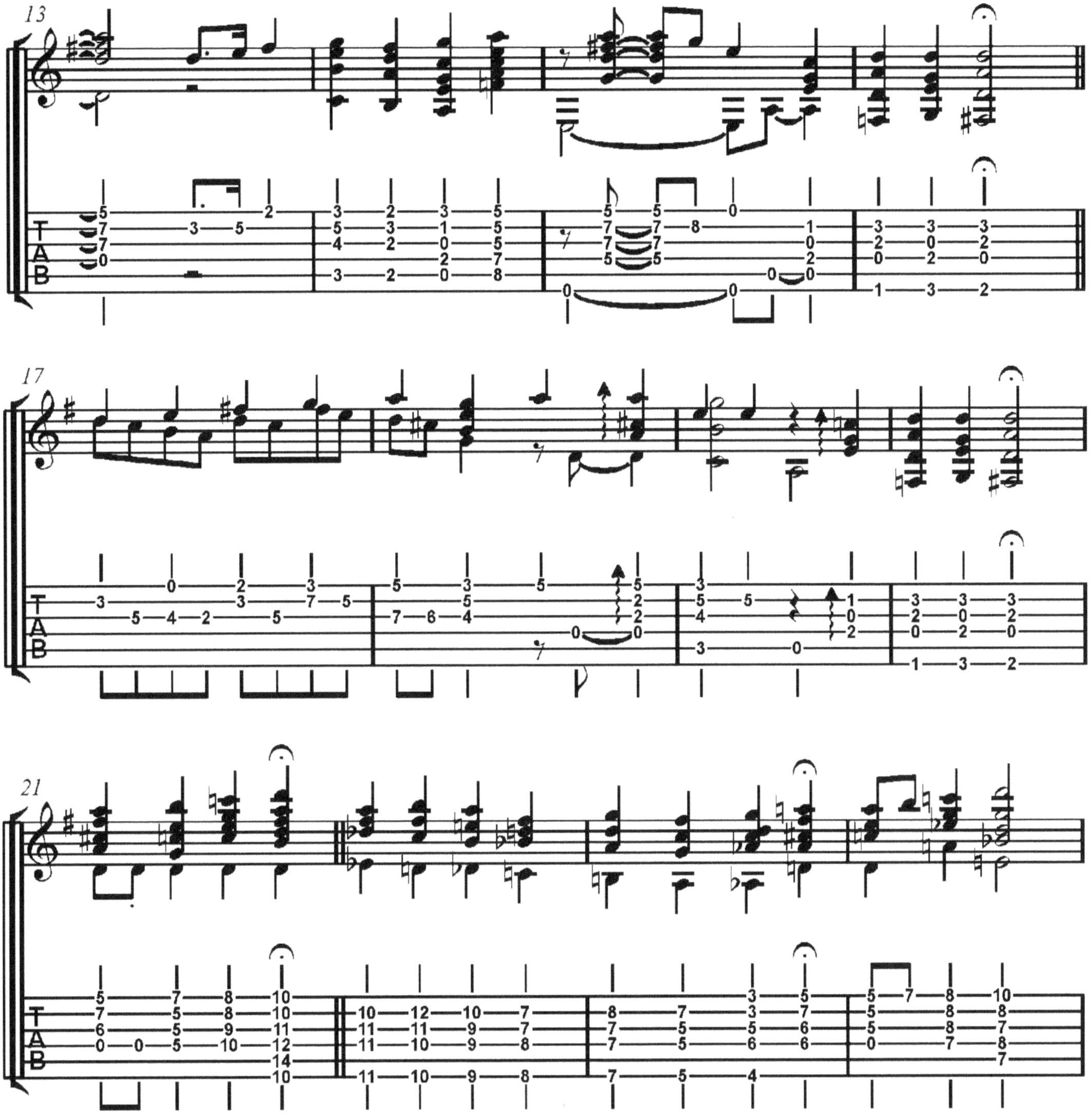
13
17
21

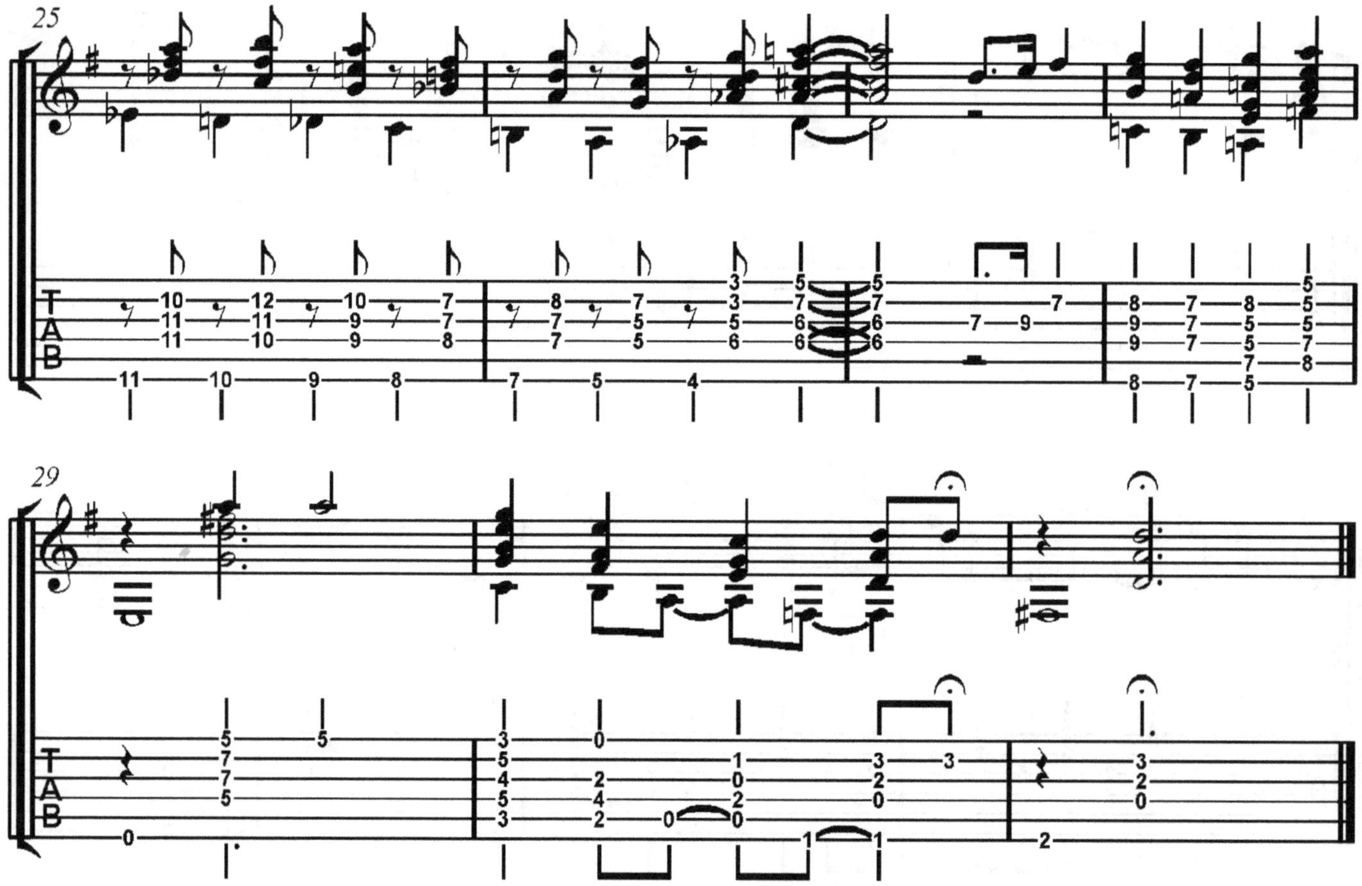
25
29

10. Newport Fair – Rob Thorpe

Mantendo o tema popular, compus esta peça para explorar ideias de acompanhamento de violão solo. Ela foi inspirada nos grandes violonistas da década de 1960, como Bert Jansch, Davy Graham, Jackson C. Frank e Richard Thompson.

O título é, naturalmente, uma referência a várias baladas britânicas que apresentam o termo "Fair", como a *Brigg Fair* e a *Scarborough Fair*. O famoso Newport Folk Festival, em Rhode Island, começou em 1959 e introduziu a um público jovem americano muitos artistas populares, agora lendários, como Bob Dylan e Joan Baez.

Você encontrará uma gama de técnicas nesta peça, incluindo uma linha de baixo alternada, ornamentos com legato, *banjo rolls*, notas pedais em acordes, melodias simultâneas e combinações de linha de baixo (conhecidas como *Travis Picking* no violão country).

Certifique-se de que o padrão de dedilhado com o dedo **P**, na introdução, seja executado de forma estável e sem esforço, antes de seguir em frente, pois ele é a base de toda a peça.

Os próximos quatro compassos apresentam uma melodia mais simples do que a melodia principal, mas certifique-se de sentir-se confiante com cada seção antes de avançar, visto que isso tornará o aprendizado mais rápido, no longo prazo.

Mantenha as coisas simples e pratique tocando todas as quatro notas graves em uma corda. Em seguida, toque o padrão de dedilhado completo, com cordas soltas, antes de adicionar os desenhos de acordes. Se a coordenação da mão direita não estiver muito boa, analise o ritmo e identifique se as notas melódicas caem sobre as notas graves ou entre elas. Conte-as devagar. Introduza as notas, uma a uma, primeiro. Pratique a partir da linha de baixo. Manter a peça equilibrada é a prioridade nesse estilo de música.

O ritmo é idêntico em cada compasso. Depois de ter aprendido os dois primeiros compassos, você será capaz de tocar os compassos 3 e 4, com apenas um pequeno ajuste para executar a mudança de cordas.

Quando você começar a tocar a parte principal, mais complexa, certifique-se de dividi-la em pequenas partes — até mesmo em partes de uma batida. Repetir essas frases curtas no tempo correto, com as notas do baixo, tornará a sua mão direita capaz de executar qualquer combinação de dedilhado com o dedo **P**.

Curve cuidadosamente os seus dedos para executar os acordes contrastantes, perto do final da peça, para que as cordas soltas, Mi (1ª corda) e Si, não sejam acidentalmente abafadas. Muitos acordes novos interessantes podem ser encontrados, combinando-se cordas soltas com fragmentos de desenhos de acordes abertos e movendo-os para cima no braço do violão. Não se preocupe com os nomes destes acordes, apenas desfrute as suas cores individuais.

O padrão de dedilhado é um pouco difícil, pois o tempo é bastante rápido. Aconselho que você utilize o padrão: **P I P M,** que requer menor independência dos dedos. A abordagem mais clássica, **P M I A,** é outra boa opção que dá um tom mais brilhante.

Experimente mover os fragmentos de acordes pelo braço do violão e veja o que você pode descobrir!

Newport Fair- Rob Thorpe

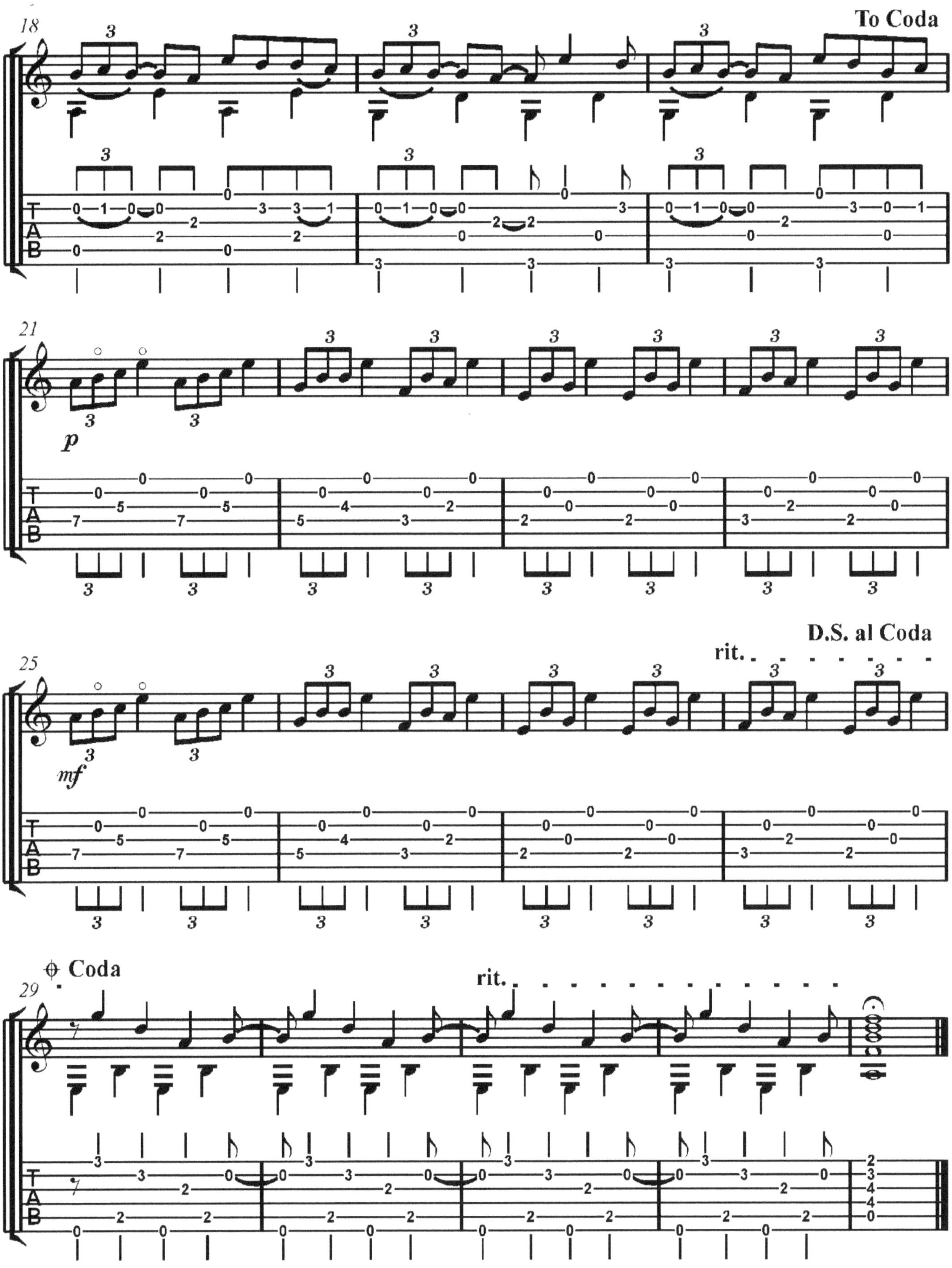
18
To Coda
21
p
25
mf
rit.
D.S. al Coda
Coda
29
rit.

11. Minueto em C da Sonata do Op. 29 – Anton Diabelli

Continuando o nosso estudo sobre as diferentes formas de dança no tempo 3/4, que até o momento incluiu a mazurca e a valsa, porém agora temos um minueto. Ele faz parte da *Sonata em C Maior* de Anton Diabelli, para violão solo, e é perfeito para ser executado como um movimento independente.

O minueto é caracterizado pelo uso de anacruses nos compassos 1, 9 etc. Além disso, a sua primeira batida deve ser forte em cada compasso, em contraste com as outras duas danças que enfatizavam as batidas 2 e 3.

Mantenha seu dedo 1 pressionado sobre a corda Si para tocar a nota C, durante os primeiros quatro compassos, enquanto os dedos restantes abordam a linha de baixo ascendente. Mantenha o polegar na parte de baixo do braço do violão, se você tiver dificuldade para arquear os dedos o suficiente para evitar que a nota aguda seja abafada.

A melodia descendente no compasso cinco é um momento complicado da peça. Desenvolver a flexibilidade para esticar o dedo, da 1ª à 5ª casa, pode parecer assustador, mas tornar-se-á fácil com a prática regular. Desenvolva suavemente a flexibilidade da mão esquerda, após um aquecimento.

Um exercício é o de executar essas três notas últimas em posições mais altas no braço do violão, onde o espaçamento entre as casas é menor, e praticá-las com *pull-offs*. Quando você se sentir confortável com o alongamento da 8ª à 12ª casa, aprenda a retornar para a primeira posição, mesmo que isso exija bastante tempo de prática.

Os *slides* nos compassos 39 e 43 facilitam as mudanças de posição e também adicionam variedade tonal. Utilize o dedo 4 no compasso 39, para que a nota F grave possa ser executada por toda a sua duração. Deslize e faça um *slide* com o dedo 4 até a 5ª casa, mantendo pressão suficiente para sustentar a nota.

Um erro comum é executar apressadamente os *hammer-ons*, *pull-offs* e *slides* e não dar à nota inicial o seu valor rítmico completo. Conte uniformemente esses compassos para garantir que a nota G, na 3ª casa, soe pelo tempo suficiente, seguida por um rápido *slide* na batida um. Bater com o pé para contar o tempo também poderá ser útil.

No compasso 50, utilize o dedo 4 novamente para preparar a execução do próximo compasso, onde você utilizará o dedo 3 para executar a nota grave na batida 1.

Nesta peça cada seção deve ser tocada com repetições ordenadas, antes de se retornar ao início e começar novamente a peça, continuando, finalmente, para o *Fine*. Após a notação "D.C.", as duas primeiras seções devem ser tocadas novamente sem repetições.

Adicionei várias notações de dinâmica para ajudá-lo a extrair mais contraste das diferentes seções. Isso adicionará mais drama à performance. Frequentemente, as peças do período barroco não continham notações sobre dinâmica ou tempo, já que os violonistas tinham a intenção de interpretá-las eles mesmos.

Minueto em C de Sonata do Op. 29 – Anton Diabelli

No repeats on D.C.

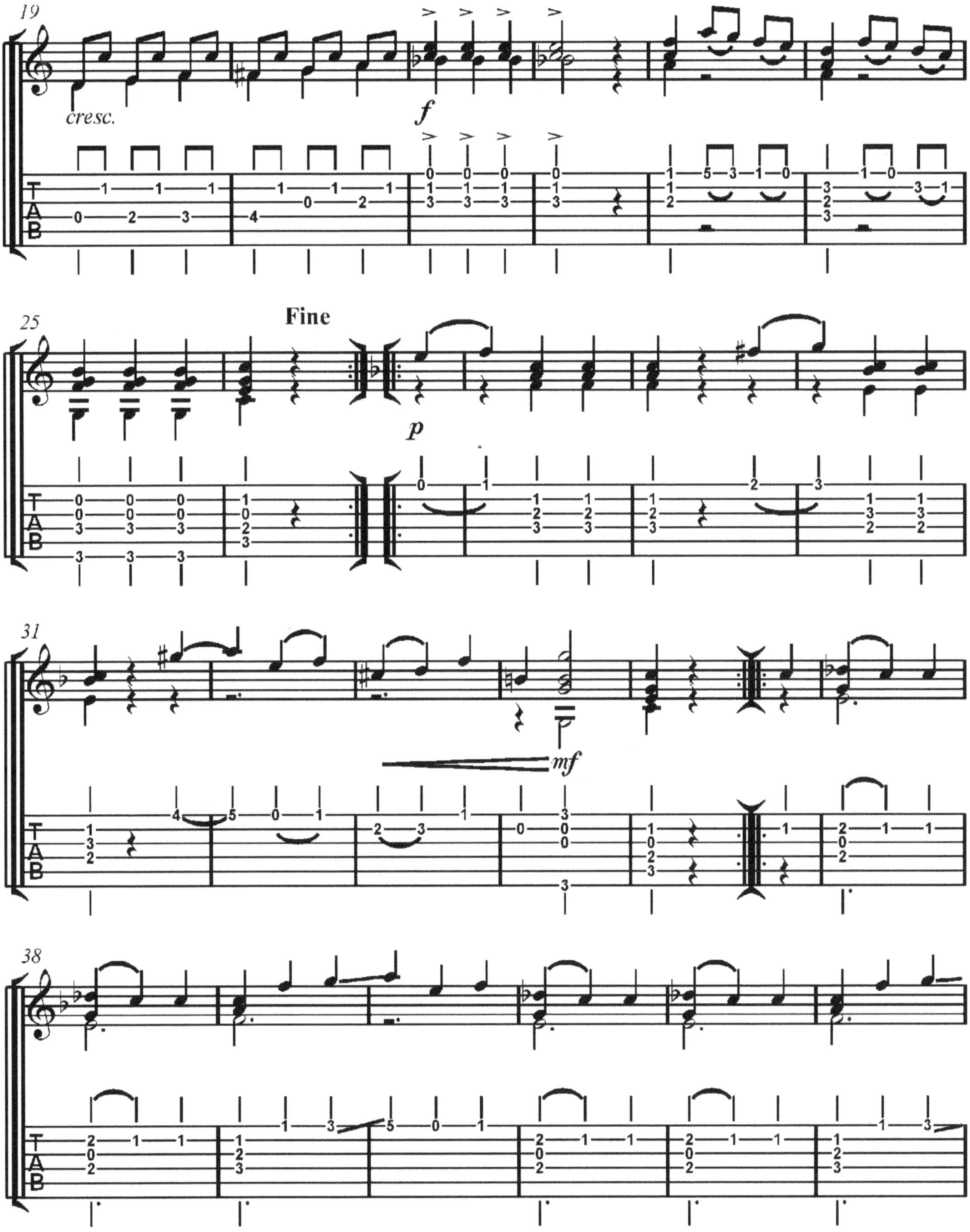
19
cresc.
f
25
Fine
p
31
mf
38

D.C. al Fine

12. Prelúdio Nº 1 – Francisco Tárrega

O termo *"prelúdio"* não indica uma forma particular ou modelo rítmico, ao contrário das várias danças que vimos. Como o nome sugere, um prelúdio é geralmente a introdução de uma suíte maior de uma música, como nas famosas *"suítes de violoncelo"* de Bach. Na era romântica, no entanto, o prelúdio também poderia ser uma peça independente, geralmente de curta duração. Os prelúdios de piano de Chopin estão entre os mais famosos, e abordaremos um deles mais tarde.

Este prelúdio de Tárrega faz uso da mesma afinação *drop* D, utilizada no minueto de Haydn — a primeira peça que vimos. A corda E (Mi) grave é afinada em D (Ré), para realçar o registro grave.

Logo no início, há algumas rápidas mudanças de posição a serem dominadas. Toque as duas primeiras notas com os dedos 2 e 4, para alcançar a segunda nota grave suavemente. Pratique a transição que consiste em digitar a nota da 8ª casa, com o dedo 2, para colocar o dedo 4, na 6ª casa, e tocar a nota grave com o dedo 1. Memorize a distância que a sua mão precisa percorrer e concentre-se na nota grave. Isso vai lhe ajudar a ser mais consistente.

O compasso cinco contém a primeira de várias notas ornamentais com *slides*. Ouça atentamente o áudio para ouvir como ela deve soar. Tenta cantar o que você for tocar. Se você puder cantar com precisão o que você ouve, será mais fácil treinar as mãos para repetir o que você ouviu. O *slide* é executado da nota A até a nota C, e, ligeiramente à frente, você deve dedilhá-la novamente, a nota que é a última colcheia do compasso.

Existem várias situações nesta peça onde você vai precisar montar pestanas em cordas que não serão tocadas, a fim de preparar a execução das notas seguintes. O primeiro exemplo disso acontece no compasso cinco, onde no acorde inicial de F deve ser feita uma pestana nas duas cordas mais agudas, para dar suporte para uma transição suave para a segunda nota. Um exemplo menos óbvio aparece no compasso sete. Execute uma pestana na 8ª casa, por todo o compasso, para que não haja uma brecha entre a primeira e segunda batida.

Divida a longa melodia descendente, que começa no compasso treze, em pequenas partes, para garantir que cada desenho de acorde seja interiorizado. O segundo acorde no compasso catorze é particularmente complicado. Utilize os dedos 3 e 1 na melodia, com os dedos 2 e 4 digitando as outras notas dos acordes. Comece apenas com a melodia e depois adicione a nota A com o dedo 2. Finalmente, faça um alongamento para executar a nota grave F#, na 4ª casa.

Felizmente, esta longa seção de desenhos de acordes é repetida identicamente mais tarde na peça. Assimile o tempo e você terá aprendido boa parte da peça.

No compasso 22, há uma última mudança de posição gigantesca para ser executada: um salto da 11ª para a 3ª casa! Além disso, ele precisa ser feito com o dedo mínimo, para que ele flua entre os desenhos de acordes de destino. Retire a pressão da corda, enquanto você for se movendo, para que não haja um *glissando (deslize)* audível. Haverá um silêncio entre as notas, porém com a prática e rapidez isso será gradualmente minimizado. Alternativamente, você pode sempre tomar a decisão criativa de criar um brilho audível, mantendo a pressão sobre a corda. Basta ter cuidado para não abafar acidentalmente a corda Sol, que deve soar do começo ao fim.

Prelúdio Nº 1 – Francisco Tárrega

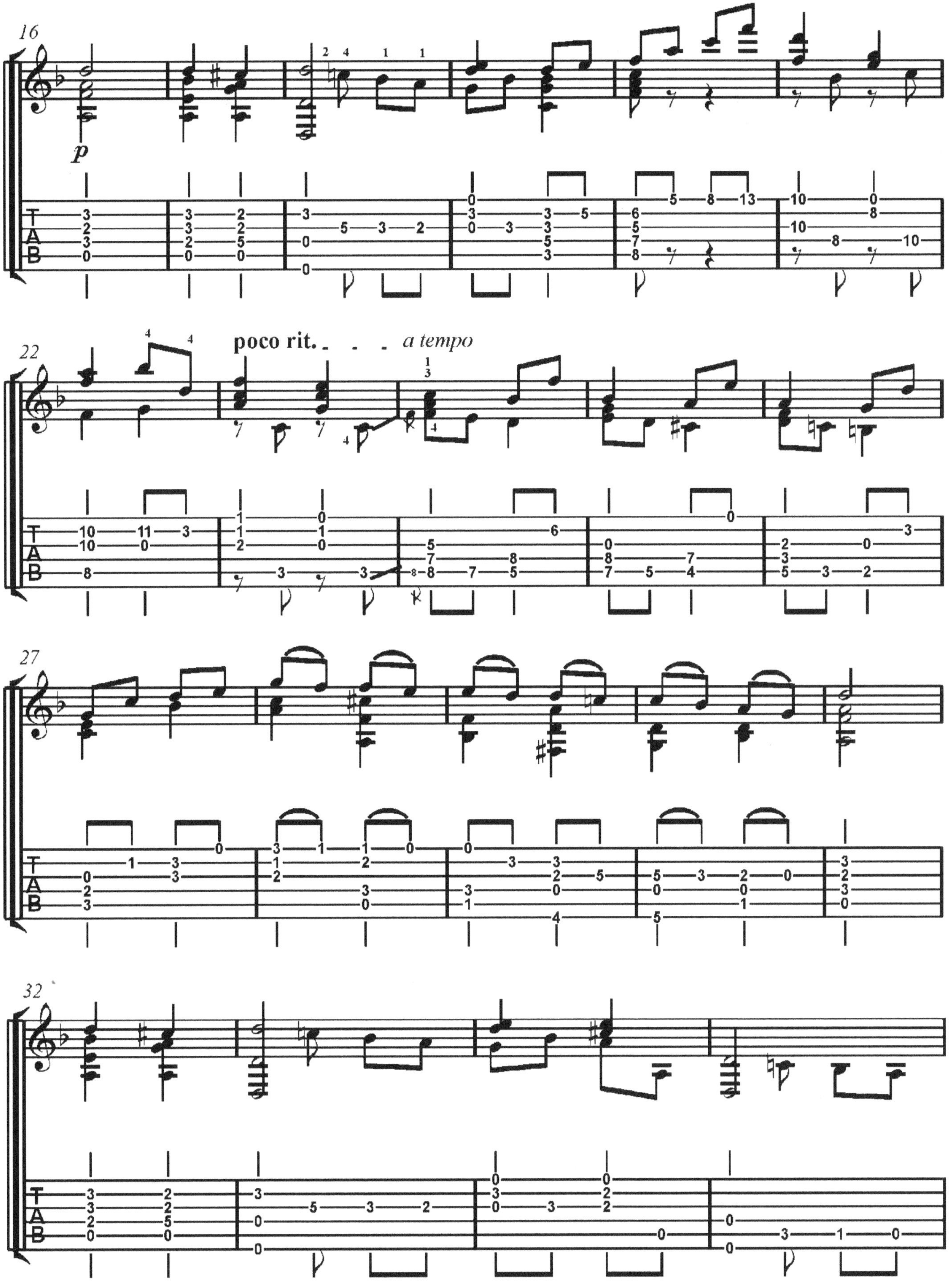
16
p
22
poco rit.
a tempo
27
32

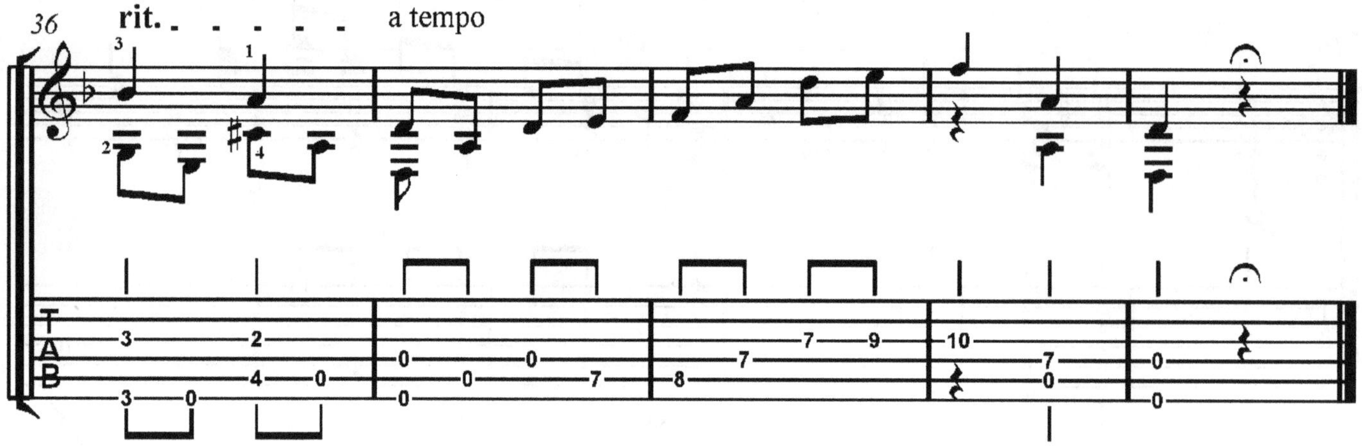
36
rit.
a tempo
T
A
B

13. Cromarty – Rob Thorpe

Aqui está outra composição minha. Ela tem um padrão de dedilhado consistente que irá lhe ajudar a desenvolver a velocidade da sua mão direita, enquanto a mão esquerda se move através de uma série de diferentes progressões de acordes.

Vimos um uso semelhante de intervalos de décima no *Andantino*, de Ferdinando Carulli, e na *Dança Francesa*, de Matteo Carcassi, no primeiro volume, mas o uso de múltiplas cordas soltas nesta peça cria um efeito de nota pedal mais rico, que, combinado às notas digitadas, cria acordes coloridos e imprevisíveis.

Você pode ouvir ideias de acordes similares na música moderna de violão de Michael Hedges, Newton Faulkner e David Mead.

No entanto, esse motivo repetitivo pode logo se tornar entediante para o ouvinte, assim lhe damos vida com um pouco de dinâmica.

É natural alterar a velocidade, à medida que alteramos o volume, e, apesar de um pouco de mudança na velocidade dar expressão, é importante praticar uniformemente, para que a velocidade e a dinâmica possam ser controladas independentemente. Utilize um metrônomo para manter um ritmo uniforme, enquanto você pratica a mudança de volume.

Esta peça é composta por três seções. As duas primeiras apresentam o padrão de dedilhado rápido com uma mudança de tonalidade na seção B, que muda o humor da peça. A seção C fornece um contraste acentuado, ao diminuir o andamento e tocar colcheias espaçosas.

Os acordes devem ser executados por todo o seu tempo rítmico. As suspensões, ou *fermatas,* notadas sobre a última nota de cada compasso permitem que haja espaço entre os acordes (para dar uma interpretação dramática). O uso de suspensões aumenta o contraste entre esta seção e o restante da peça, que possui um tempo muito rígido.

Após a seção C, a peça retorna ao início para executar as seções A e B, antes chegar ao sinal *Coda*, no final da peça, com uma repetição do motivo da seção C.

Ao tentar aumentar a velocidade da peça, é fácil ficar tenso, mas isso dificultará o seu progresso e potencialmente lhe causará lesões. Uma boa dica para desenvolver a velocidade é praticar pequenas sequências rápidas, intercaladas com períodos mais longos de repetição lenta. Tente tocar rápido durante cerca de 5 segundos, depois toque em uma velocidade lenta, durante 20 segundos. Repita isso em ciclos e pare de tocar, se você acumular alguma tensão nas mãos.

Cromarty - Rob Thorpe

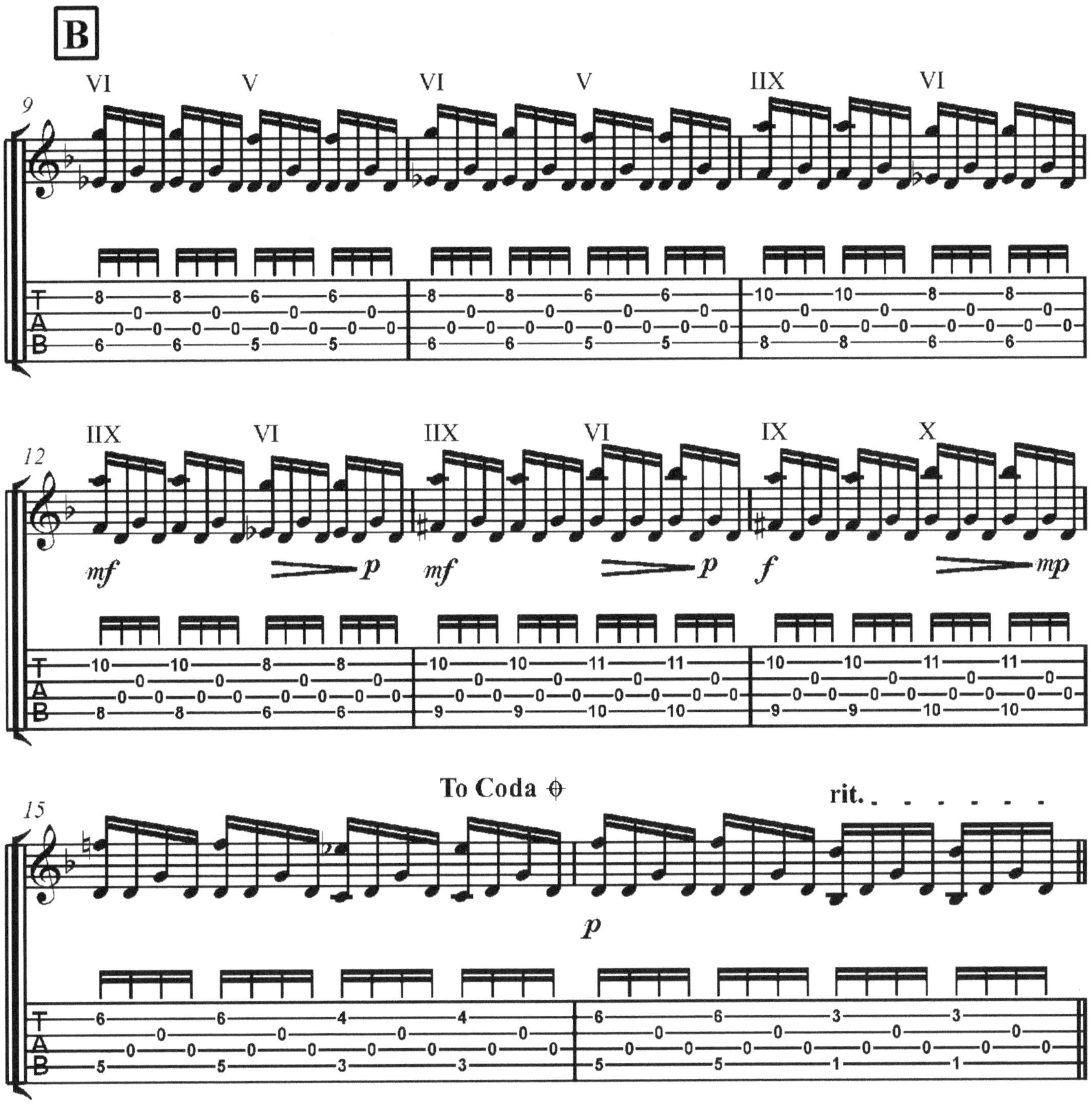
B
9
VI V VI V IIX VI
12
IIX VI IIX VI IX X
mf p mf p f mp
15
To Coda
rit.
p
T
A
B

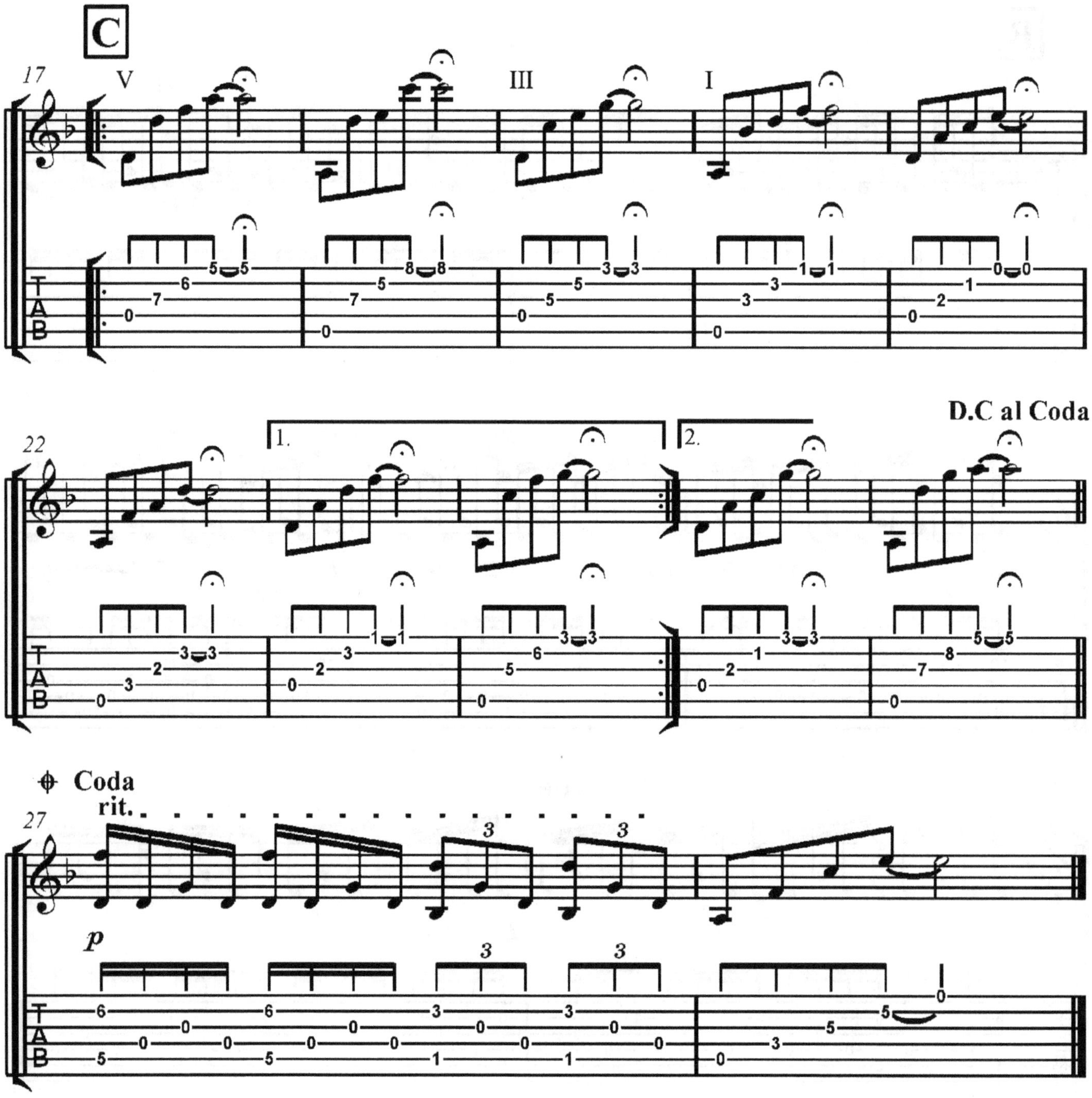
C
V
III
I
1.
2.
D.C al Coda
Coda
rit.
p

14. Divertimentos, Op. 16, Nº 6 – Matteo Carcassi

Agora temos outra peça de Matteo Carcassi, *Divertimentos*. Esta peça está notada como *grazioso*, que pode ser traduzido como "*gracioso*" ou "*bonito*". Significa que esta peça deve ser tocada em um ritmo moderado.

Sugiro que você só estude esta peça depois de ter aprendido a peça *Opus 10, Nº 1* e tê-la tocado por um bom tempo. Elas possuem técnicas em comum, incluindo harmônicos, legatos e múltiplas mudanças de posição. No entanto, aqui elas são implementadas de forma mais complexa, envolvendo mudanças mais rápidas. Há também alguns acordes grandes com pestana, que abarcam todas as seis cordas.

Esta peça usa a mesma afinação de E aberto da peça *Valsa em E Maior,* de Matteo Carcassi. Logo, o seu violão deve estar afinado da seguinte forma: E, B, E, G#, B, E.

Neste momento, você deve estar confiante e deve possuir um entendimento sobre como lidar com grande parte desta peça, tendo como base as abordagens já estudadas.

Utilize o dedo 2 para digitar o harmônico do compasso cinco. Se você sempre usou o dedo 1 para digitá-los, tocar com o dedo 2 pode exigir um pouco de prática. No entanto, utilizar essa abordagem lhe coloca na posição correta para digitar as notas da melodia no próximo compasso, que começa na 4ª casa. Aqui também temos a nossa primeira mudança difícil de posição: a nota F#, na 7ª casa, será digitada com o dedo 4. Em seguida, você deve saltar para a 3ª casa, com o dedo 1, para começar a próxima frase.

A seção 2 termina com um motivo de *hammer-on*, executado em boa parte do comprimento da corda. Executá-lo não deve ser muito difícil, desde que você fique atento à próxima casa. A corda que soa entre cada *hammer-on* lhe dá tempo para mudar de posição. Utilize os dedos 1 e 2 durante todo o processo. Quando você conseguir reproduzir esse movimento no tempo correto, adicione um pouco de dinâmica. Os harmônicos começam ao redor da notação *p*, mas o clímax da peça deve ser muito mais sonoro, visto que ele está notado como *ff*.

No compasso quinze temos o nosso primeiro acorde grande com pestana. Infelizmente, não há como evitar as pestanas, mas com a prática regular todas as seis cordas soarão consistentemente limpas, e a mão esquerda relaxará. Para piorar a situação, o dedo 4 tem de se esticar até a 9ª casa, enquanto as outras notas são sustentadas!

É necessária mais uma mudança de posição no compasso 23. Nele é exigido que toquemos várias notas em uma posição; em seguida o dedo 2 "*contorna*" o dedo 1 para alcançar uma casa mais abaixo. Os violoncelistas são muito bons neste tipo de movimento, pois muitas vezes eles tocam ao longo do comprimento de uma única corda, mas essa manobra é menos comum para violonistas, que normalmente precisam treinar mais para obter a coordenação motora necessária.

Isole o movimento mais difícil digitando a nota da 7ª casa, com o dedo 1, então o solte, quando o dedo 4 for para a 4ª casa. Continue praticando este movimento, até que você possa fazê-lo tão rapidamente que não haja quase nenhuma lacuna entre as notas e a transição seja tão perfeita quanto possível.

Você precisará envolver todo o seu braço na mudança de posição, então faça com que ele esteja completamente relaxado. Poderíamos ter tocado todas as seis notas na sétima posição, utilizando a corda Si, mas desta forma o acorde com cordas soltas pode ser sustentado por todo o compasso, fornecendo uma textura geral mais espessa.

Divertimentos, Op. 16, Nº 6 – Matteo Carcassi

Open E major tuning

Grazioso

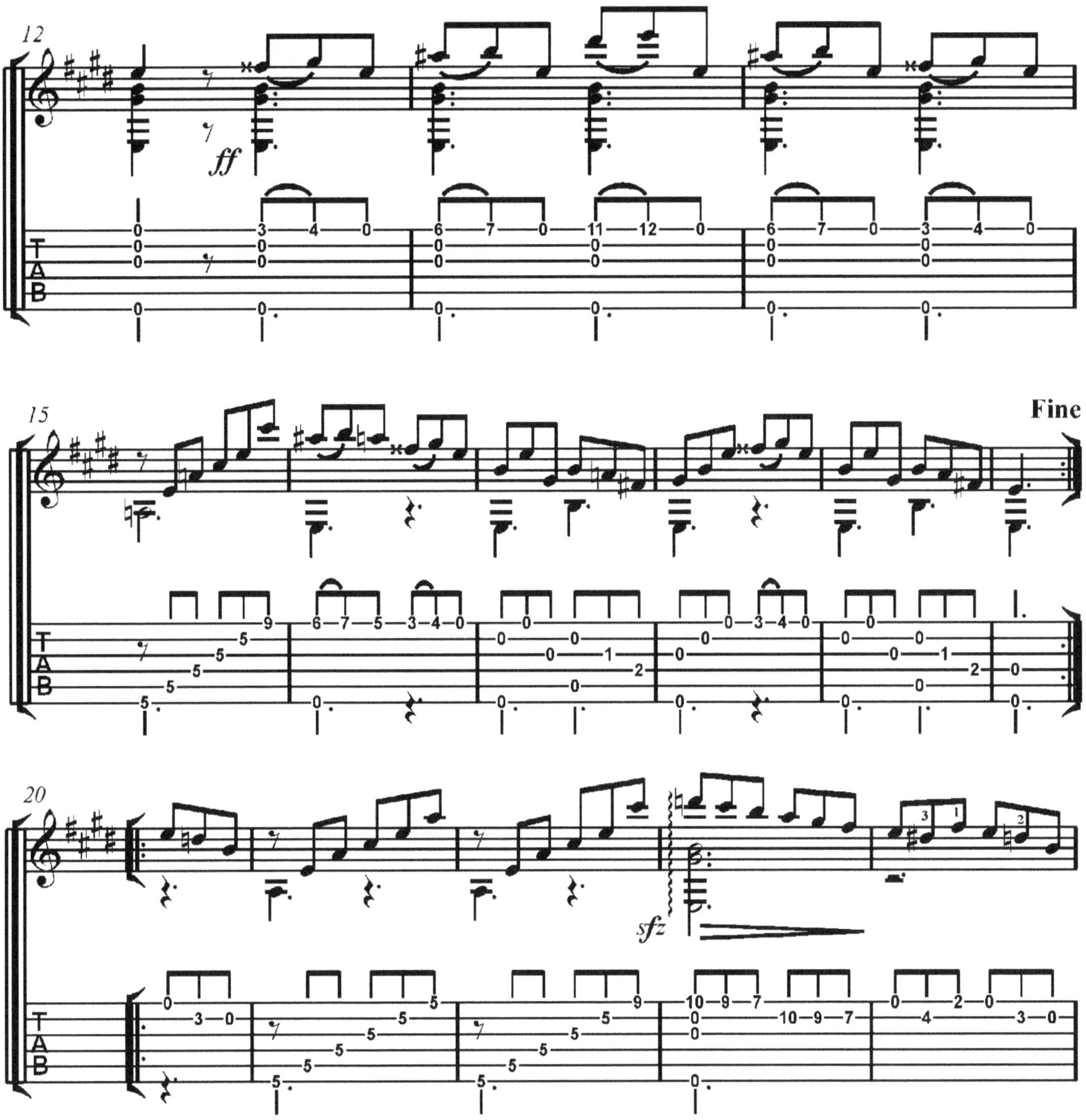
12
ff
15
Fine
20
sfz
T
A
B

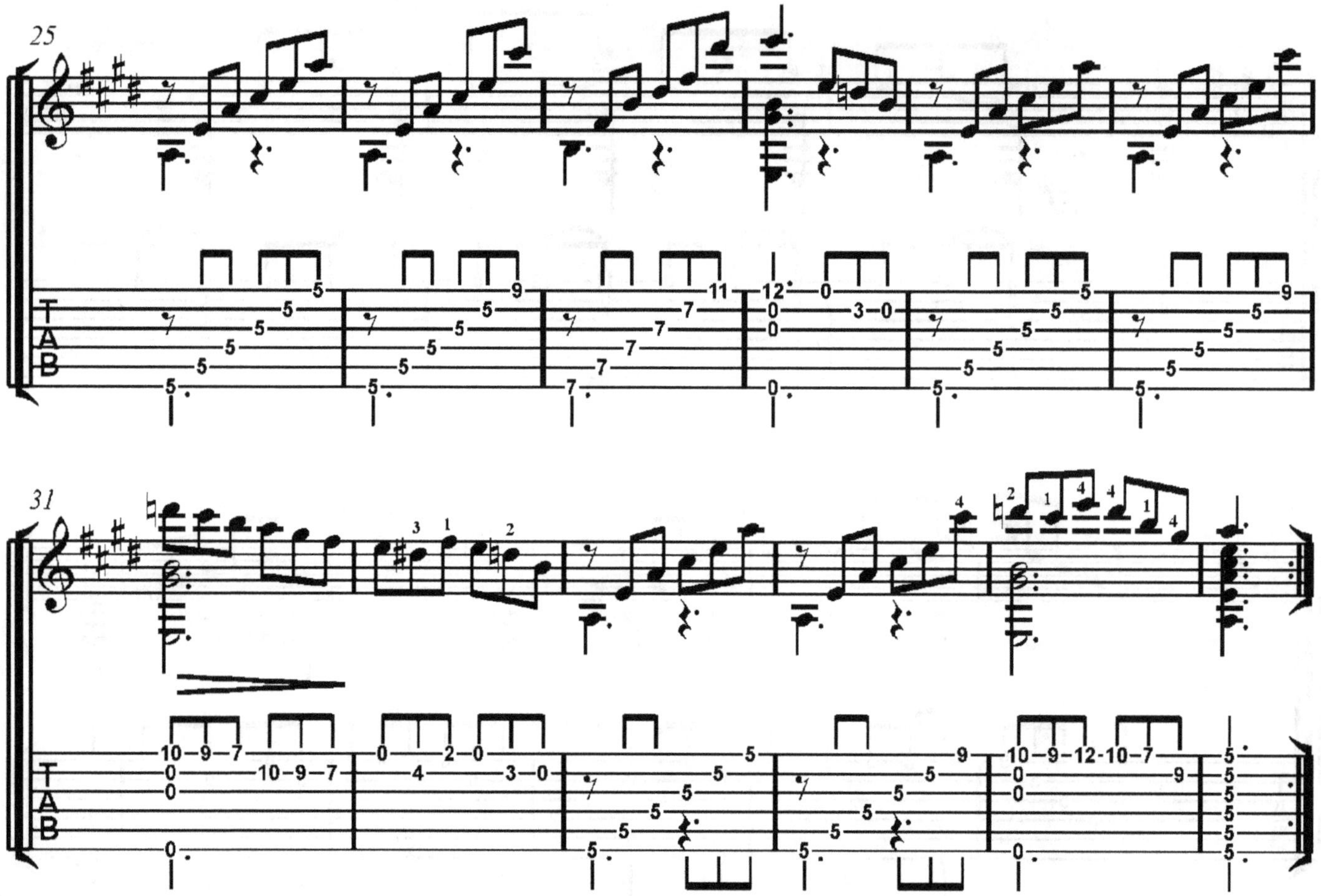
25
31
TAB

15. Coral – G.F. Händel
(arranjado por Francisco Tárrega)

A peça seguinte é uma transcrição de uma música composta para coro pelo compositor do período barroco, George Friedrich Händel. A transcrição é de Francisco Tárrega. Uma vez que a peça foi originalmente composta para grupos de vozes, o objetivo principal dela é tornar cada camada clara e distinta.

O andamento é lento do início ao fim, mas há vários desenhos de acordes incomuns que serão difíceis de digitar no início. Ao organizar a música para o violão, as vozes dos acordes são muitas vezes um problema. Por exemplo, algumas transcrições caem bem no piano, devido ao layout do teclado. Da mesma forma, é possível utilizar qualquer arranjo de notas em uma música composta para vozes.

Isso significa que para transpor esta música para o violão, certos sacrifícios foram feitos, a fim de tornar os acordes tocáveis. O coral original era caracterizado por quatro vozes, mas a maioria dos desenhos de acordes contém apenas três notas. Assim, Tárrega dispensou a *"voz interna"* menos importante de cada acorde, para torná-lo mais manejável e as transições mais suaves (uma voz interna é aquela que fica entre as vozes mais agudas e as mais graves. Por exemplo, a voz tenor fica *"dentro"* do esquema de soprano e baixo). Essa foi uma boa ideia de Tárrega, uma vez que as partes mais agudas e as mais graves são mais facilmente discernidas pelo ouvinte e, por isso, são as principais para ter-se no arranjo.

Monte o acorde com pestana de A, no compasso quatro, com o dedo 1. Manter esse dedo nessa posição tornará mais fácil a execução dos desenhos de acordes nos próximos quatro compassos. Quando necessário, arqueie os seus dedos, para que as cordas soltas possam ser tocadas.

Os *slides* nos compassos sete e oito testarão independência dos seus dedos. Pratique manter o acorde de B7 com pestana no compasso sete, enquanto move o dedo 4 para frente e para trás entre as notas E e D#. Não deve haver zumbidos ou abafamentos nas outras três notas. Praticar esse nível de controle com a mão esquerda melhorará o seu tom e destreza. Além disso, isso é particularmente útil nesta peça, onde sustentar cada nota é importante.

O próximo ponto problemático será provavelmente o compasso treze. Mantenha o acorde de D maior pressionado, enquanto executa *hammer-ons* e *pull-offs*, para tocar a virada melódica na corda Si. Para poupar a mão e evitar tensão, comece tocando a frase com legato isoladamente. Em seguida, toque-a com uma pestana nas cordas Sol e Si, com o dedo 1. Finalmente, adicione o dedo 3 para completar o desenho do acorde.

No compasso vinte, há uma virada semelhante. Desta vez, ela deve ser digitada com os dedos 2 e 4, enquanto o dedo 1 executa a nota grave, D#. O compasso 22 apresenta outro *slide* dentro de um acorde, e o conselho sobre o compasso sete também se aplica aqui.

No compasso 30 o dedo 2 deve pressionar a corda Si, do começo ao fim. Ao utilizá-lo como ponto de referência para cada acorde, você assegurará transições mais suaves e também preparará a digitação correta, para montar o acorde do compasso 31.

Quando você estiver confortável com as notas, comece a pensar na dinâmica e no ritmo da sua performance. O controle sutil dessas nuances é o que torna a música coral tão impactante, e é essa característica que você deve assimilar.

Coral - G.F. Händel

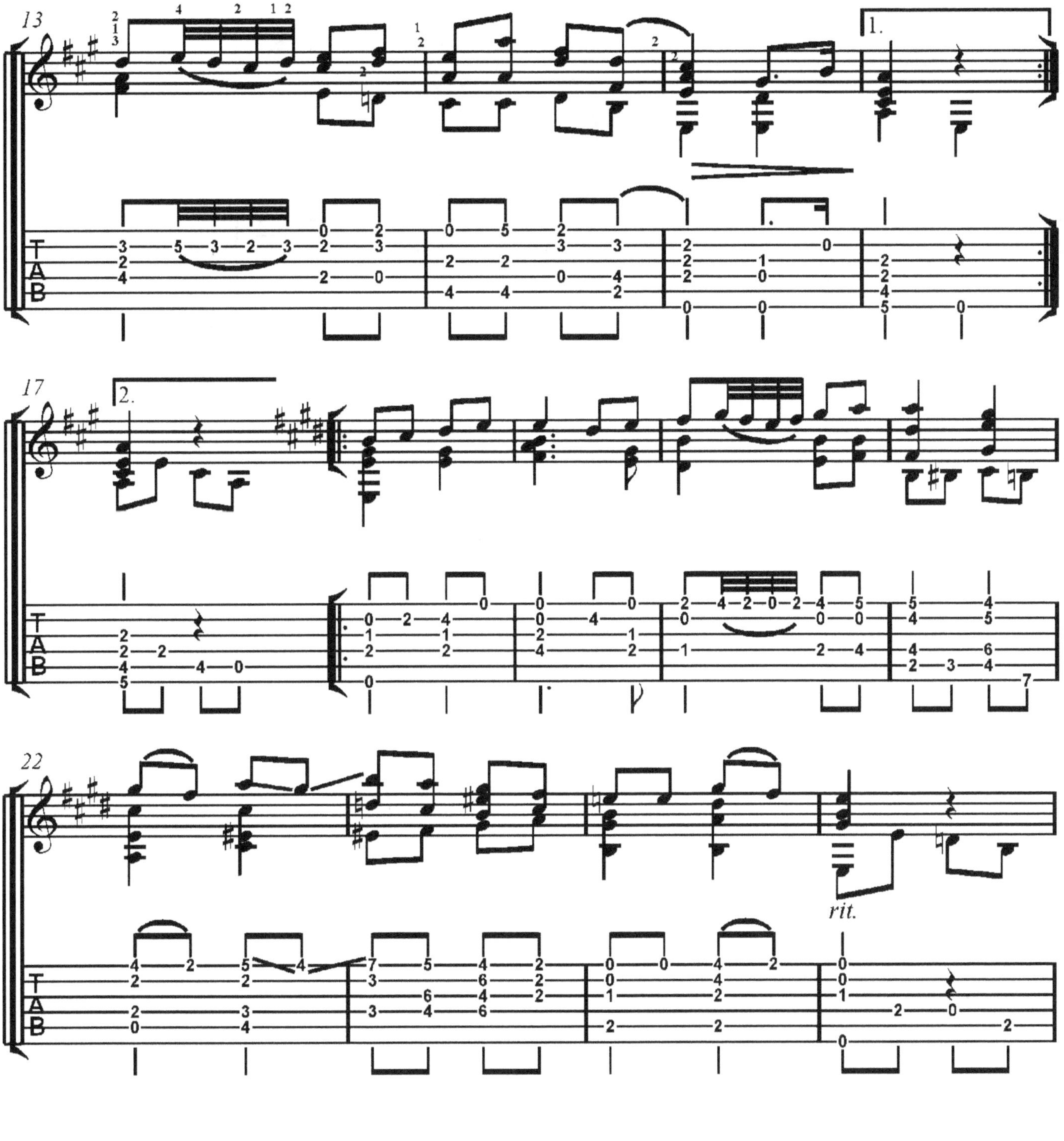
13
1.
17
2.
22
rit.

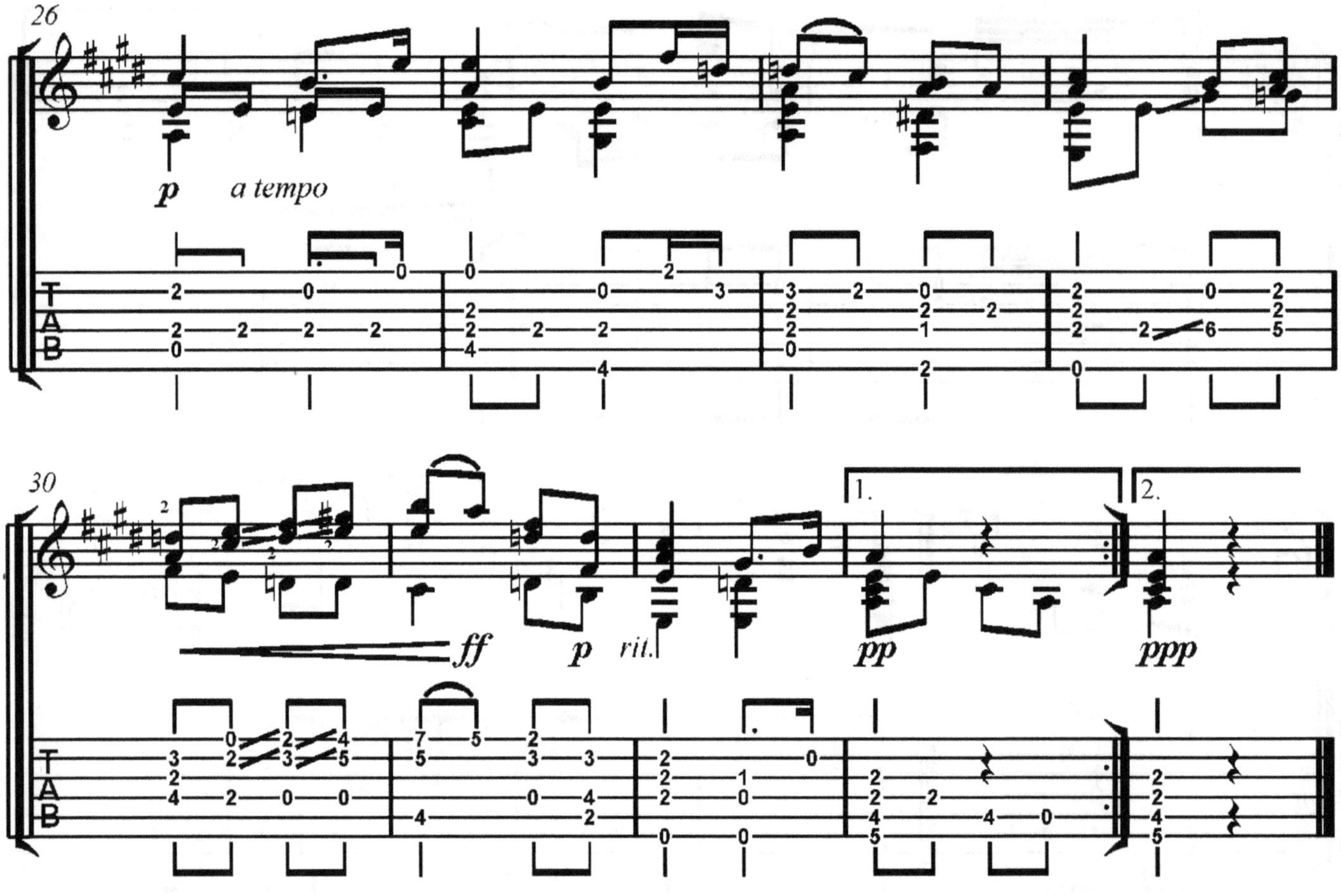
26
p
a tempo
30
ff
p
rit.
1.
2.
pp
ppp

16. Bagatela Nº 3, Op. 4 – Heinrich Marschner

A terceira bagatela do *Opus 4*, de Heinrich Marschner, está dividida em duas seções contrastantes. A primeira é uma ideia orgulhosa, parecida com uma marcha, na tonalidade de A maior, notada para ser tocada *"resolutamente"*!

A segunda metade está em A menor e apresenta um longo conjunto de arpejos em cascata, em um estilo muito romântico. A indicação de *dolce* (literalmente *"doce"*) sugere uma afetação reflexiva e lamentosa que aumenta o contraste com a audaciosa seção A.

No entanto, a peça mantém um tempo rápido, do começo ao fim, portanto haverá muitos obstáculos técnicos a ultrapassar, antes que você possa se preocupar com o aspecto emocional da execução.

A estrutura da peça é confusa, e a intenção de Marschner na partitura original é ambígua. Depois de consultar várias gravações, acredito que essa é a opção mais equilibrada musicalmente:

• Execute os compassos de 1 a 8 (A1) e os compassos de 9 a 18 (A2), com a execução das repetições notadas.

• Em seguida, retorne ao primeiro compasso e toque o A1 novamente. No entanto, desta vez, vá para o *Coda*, no compasso 19, em vez de repetir o A1.

• Toque os compassos de 19 a 26 (B1) e os compassos de 26 a 34 (B2), com as suas respectivas repetições.

• Depois de executar o segundo compasso, no final do B2, volte ao início para tocar o A1, A2 e A1 mais uma vez, porém, agora, ignorando as notações referentes à repetição.

Na seção A, siga as sugestões de digitação, para que você consiga digitar as partes complicadas. O motivo em oitava que soa surpreendentemente obscuro, no final do compasso 14, é melhor digitado com os dedos 1 e 4. O dedo 2 é utilizado para digitar as notas da corda Mi (6ª corda). O seu pulso terá que se mover ligeiramente para cima e para baixo atrás do braço do violão, para executar os movimentos exigidos. Utilize o dedo 2 como um ponto fixo, a partir do qual você movimentará sua a mão.

Como regra geral, alterne entre diferentes dedos para encontrar a digitação mais suave. O mesmo dedo não deve ser utilizado para digitar notas consecutivas em cordas diferentes, a menos que isso seja absolutamente inevitável.

Procure por notas que são comuns entre os acordes e mantenha os seus dedos pressionados, sempre que possível. Se não houver notas comuns, procure notas adjacentes na mesma corda, para a qual o dedo possa ser deslizado, sem precisar ser levantado. As digitações sugeridas ao longo deste livro sempre observam essas regras, as quais tornam as transições muito mais suaves.

Depois da árdua seção A, a seção B é misericordiosamente consistente. Você deve manter, durante todo o tempo, um padrão repetitivo do dedilhado: **P, I, M**. Desde que você mantenha a sua mão relaxada, você será capaz de aumentar a velocidade facilmente com a prática.

A mão esquerda também tem um trabalho bem mais fácil na seção B, com exceção dos compassos 25 e 27. Neles, os desenhos dos acordes mudam a cada batida, mas as sugestões de digitação ajudar-lhe-ão a executar as transições naturalmente. Pratique lentamente, fazendo com que as transições sejam as mais suaves e graduais possíveis.

Bagatela Nº 3, Op. 4 – Heinrich Marschner

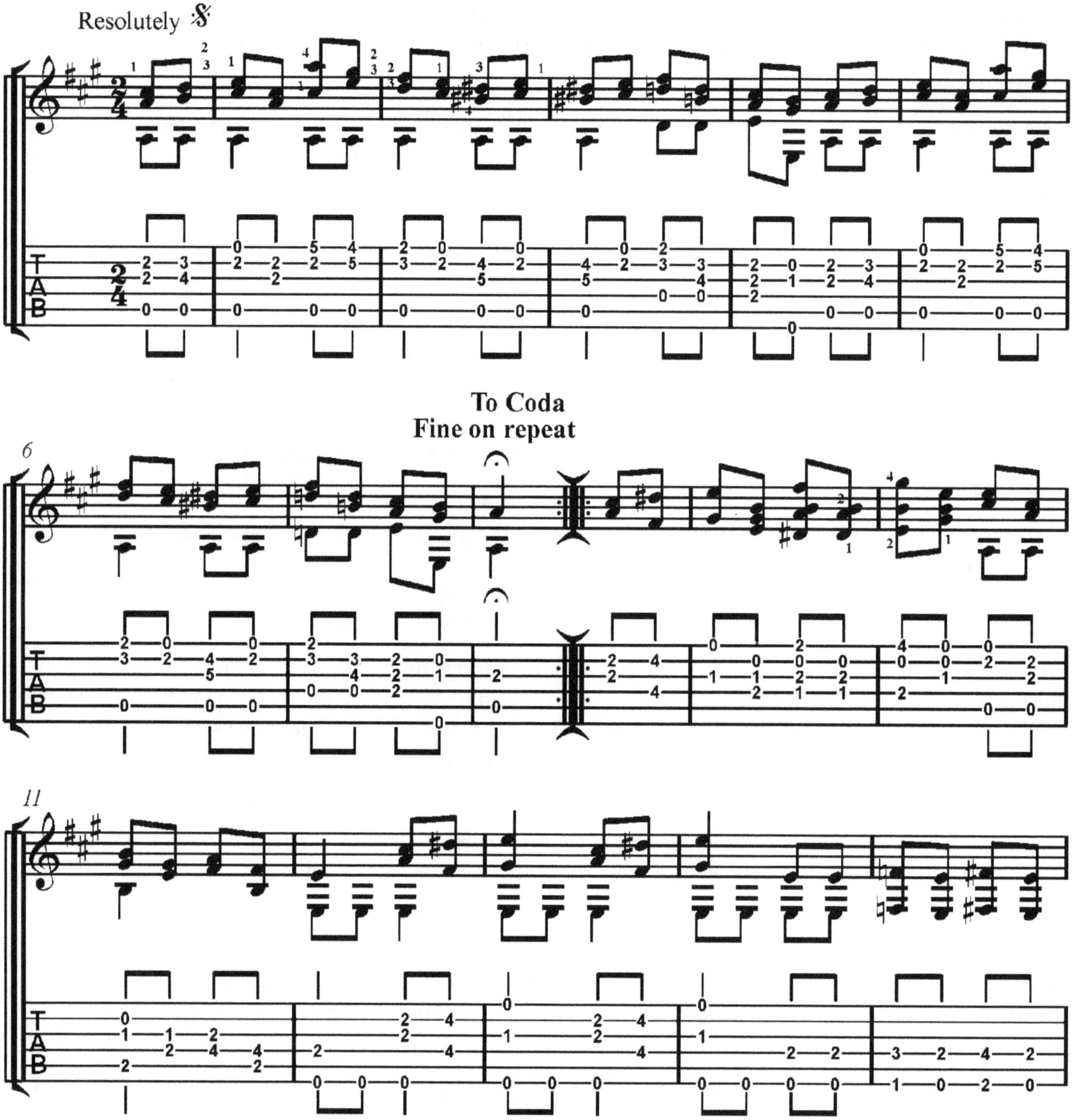

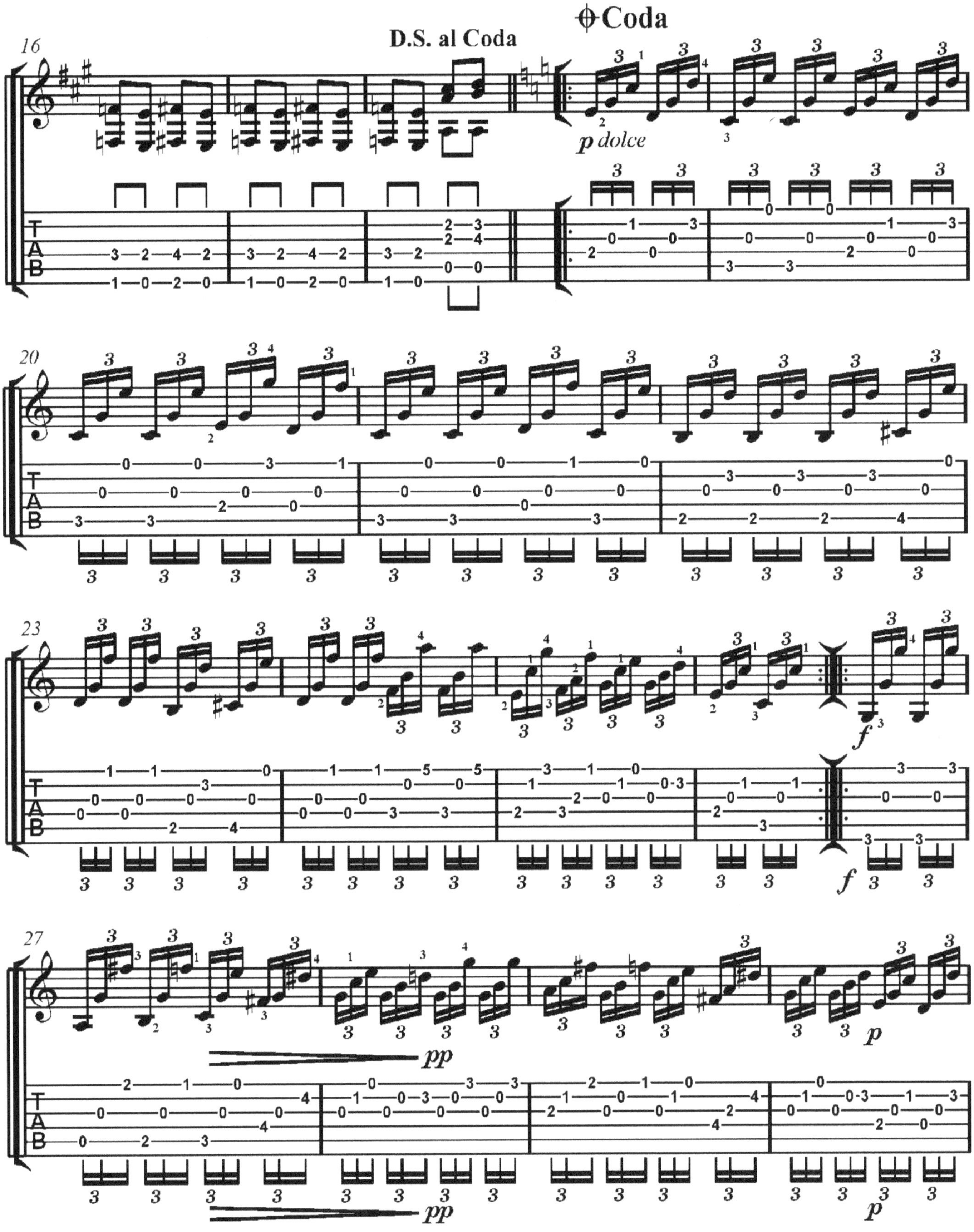

D.S. al Coda
Coda
p dolce

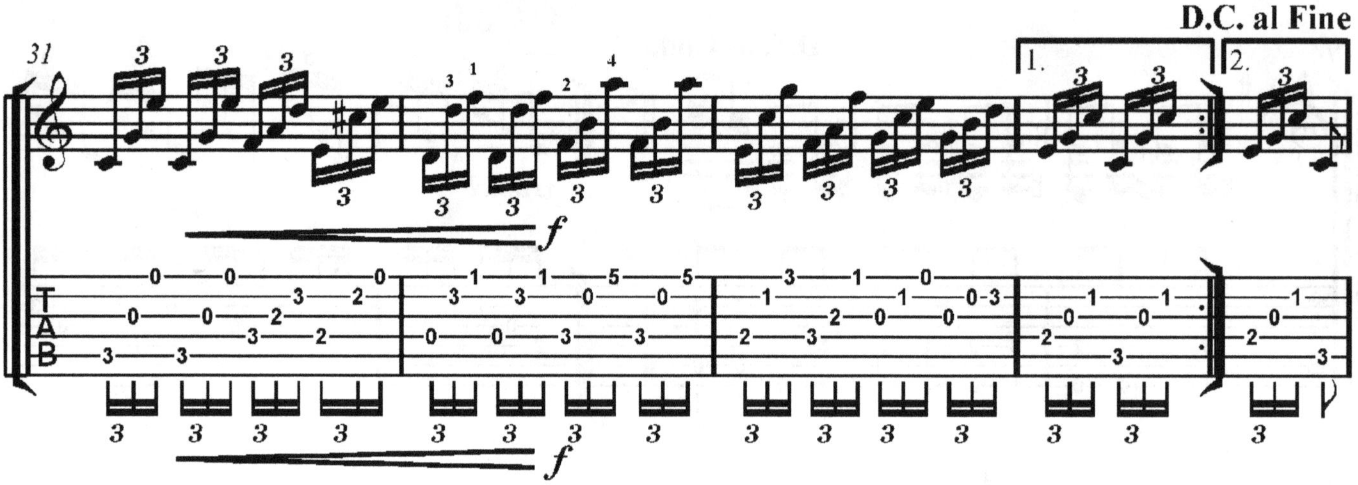

D.C. al Fine
31
1.
2.
f
f

17. Seis Pequenas Peças, Op. 19, Nº 2 – Arnold Schönberg

(arranjado por Rob Thorpe)

O compositor austríaco Arnold Schönberg (1874–1951) é lembrado como o pai da *atonalidade*. O seu papel em levar a música clássica para longe das progressões de acordes tradicionais no início do século XX foi fundamental.

A música atonal dispensa a ideia de que a dissonância precisa ser resolvida em uma consonância. Em vez disso, as notas de cada acorde podem ser abordadas nos seus próprios termos. Schönberg sentiu que a atonalidade seria o desenvolvimento natural da harmonia germânica de Wagner, Strauss e, finalmente, de Bach.

Este arranjo de uma das *Seis Pequenas Peças,* de Schönberg, para piano é a peça mais abstrata e com textura deste livro. Ouça uma performance de piano (recomendo a gravação de Daniel Barenboim), bem como o áudio incluso neste livro. Isto lhe dará uma melhor noção de como frasear a peça.

O motivo principal é uma repetição de *double-stop* com cordas soltas. Eles devem ser sempre curtos, por isso repouse os dedos da mão direita sobre as cordas, após cada dedilhado.

O compasso três exigirá bastante prática, até que a mão direita seja capaz de executar os vários movimentos exigidos. Foque em um único dedilhado e abafe as cordas tocadas com os dedos **I** e **M**, enquanto a corda mais grave soa livremente.

Execute os harmônicos da mesma forma, colocando gentilmente um dedo da mão esquerda sobre as cordas, diretamente sobre o traste de metal. Certifique-se de estar conseguindo bons harmônicos, ao praticar sem o abafamento, para verificar se eles estão sendo tocados corretamente. Digite os harmônicos no compasso cinco com o dedo 4. No início, isso pode parecer complicado, mas fará com que a mudança de posição seguinte seja muito mais fácil.

No compasso dois, digite as primeiras notas digitadas com os dedos 2 e 4, para que o dedo 1 esteja pronto para tocar as próximas duas notas que iniciam a melodia grave. Utilize a nota da corda Lá para mudar de posição, de modo que as notas D e G# possam ser digitadas com os dedos 2 e 1, respectivamente.

Assim como nas outras transcrições de peças para piano, várias mudanças foram feitas. Mais crucialmente, as oitavas de várias partes foram alteradas, para que pudessem ser tocadas no violão.

Os acordes grandes tiveram de ser editados, para evitar digitações de execução impossível. No caso do compasso seis, escolhi omitir a nota D# do acorde de sete notas para melhor refletir o som original. Siga atentamente a digitação indicada na notação. O *double-stop* que nos leva ao acorde supracitado deve ser apenas movido para baixo uma casa, para que você possa montar uma parte do acorde.

A frase final utiliza algumas técnicas mais avançadas, para permitir que a música seja a mais fiel possível à versão original. Siga as digitações notadas para executar os *double-stops* descendentes. Segui-las nos deixa um dedo livre para executar os harmônicos na 12ª casa, enquanto a mão esquerda continua descendendo no braço do violão.

O acorde final usa outro tipo de harmônico, conhecido como harmônico artificial. Execute-o com dedo **I** da mão direita, na 19ª casa, na corda Mi (6ª corda). Utilize o mesmo toque suave feito pela mão esquerda para tocar os harmônicos. Em seguida, dedilhe a referida corda com o dedo **P** para fazer soar o harmônico.

Após se sentir confortável com os harmônicos, execute-os, enquanto o dedo **M** dedilha a corda Lá. A nota G deve ser tocada com uma pestana, com o dedo 1, na 10ª casa, a qual prepara a digitação do acorde final.

Seis Pequenas Peças, Op. 19, Nº 2 - Arnold Schönberg

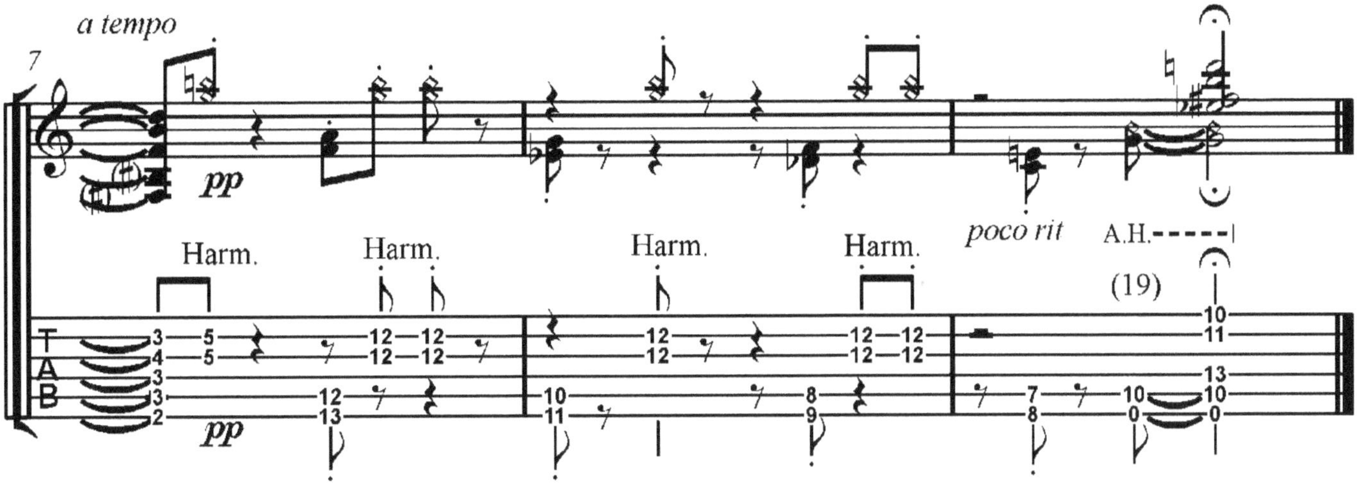
a tempo
pp
Harm.
Harm.
Harm.
Harm.
poco rit
A.H.
(19)
T
A
B
pp

18. Ebb – Rob Thorpe
(arranjado por Rob Thorpe)

Ebb é uma composição do álbum de estreia da minha banda Polar Institute. A versão original foi composta para seis músicos, logo foi um desafio interessante capturar a essência desta peça, para transpô-la a um arranjo de violão solo.

Estruturalmente, a peça é bastante simples. Há apenas duas progressões de acordes de quatro compassos. A primeira está no tempo 4/4, na tonalidade de C maior, sobre a qual várias ideias melódicas são baseadas. Em seguida, a peça muda dramaticamente, no clímax musical, para o tempo 3/4 e para a tonalidade paralela de C menor.

A introdução contém alguns desenhos de acordes potencialmente complicados. A fim de sustentar todas as notas no seu valor rítmico completo, os compassos três e quatro exigem um alongamento desafiador para digitar o desenho do acorde. No compasso três, o dedo 1 deve lidar com todas as notas das duas cordas mais agudas. A posição da mão esquerda pode sofrer alterações, do desenho de acorde inicial ao desenho final, mas não se esqueça de manter as notas graves pressionadas corretamente, conforme você for mudando de posição.

No compasso cinco, montar uma pestana na 7ª casa nos poupa trabalho, no momento de executar o próximo desenho de acorde. O ritmo dessas frases de abertura deve ser muito expressivo e tocado em rubato. Acelere e toque cada frase de dois compassos em crescendo, para dar-lhe mais forma e identidade.

O tempo é estabilizado quando alcançamos a figura repetitiva principal no compasso nove, originalmente tocada no piano. Valeria a pena praticar o padrão repetitivo de colcheias, sem a linha de baixo, enquanto o dedo **P** repousa na corda Mi (6ª corda), assim você não irá se sentir tentado a usá-lo para dedilhar a melodia.

Essa linha melódica continua ao longo da peça, mas sacrifícios tiveram que ser feitos, quando criamos a versão solo. Desse modo, na passagem seguinte, optei por combinar a parte da guitarra elétrica, que alterna entre duas notas de cada acorde, com a melodia vocal.

Assim como a abordagem do baixo alternado que vimos na inspirada peça popular *Newport Fair*, tocar separadamente as duas partes, antes de elas serem combinadas, valerá a pena. Quando chegar a hora de tocar as linhas juntas, aborde-as em um compasso de cada vez. Descubra em que batida do compasso a melodia repousa e conte as batidas lentamente, para desenvolver a memória muscular.

Como antes, você deve utilizar o polegar para dedilhar todas as notas graves dos compassos 17 em diante, com a possível exceção dos compassos 21 e 22. Nessa parte, o grande salto de cordas pode parecer difícil, e uma combinação dos dedos **P** e **I** talvez seja a mais adequada para o dedilhado.

O motivo repetitivo se torna então a textura aguda, por isso alterne entre os dedos **I** e **M,** enquanto dedilha os acordes graves com o dedo **P**.

A mudança de tonalidade para C menor, no compasso 41, é menos adequada que o C maior para a utilização de cordas soltas. Assim, executar o motivo do baixo se torna difícil (mudei a tonalidade original de G maior por essa razão). A nota grave repetitiva está agora no contratempo, para manter a sensação de energia. Mesmo com esta redução, para que a performance seja convincente, a digitação terá de ser cuidadosamente planejada e praticada.

Até o momento, houve alguns movimentos desafiadores com a mão esquerda, no entanto agora é hora da mão direita trabalhar. No compasso 45, a mão direita deve executar um padrão rápido e repetitivo. Juntamente à seção anterior, ele forma o clímax da peça, portanto você terá que manter o ataque e o volume agressivos, em toda a seção. A mão esquerda só precisa executar os desenhos dos acordes, porém as mudanças precisam ser rápidas, para evitar que o fluxo natural da peça seja interrompido.

Ebb (arranjo) - Rob Thorpe

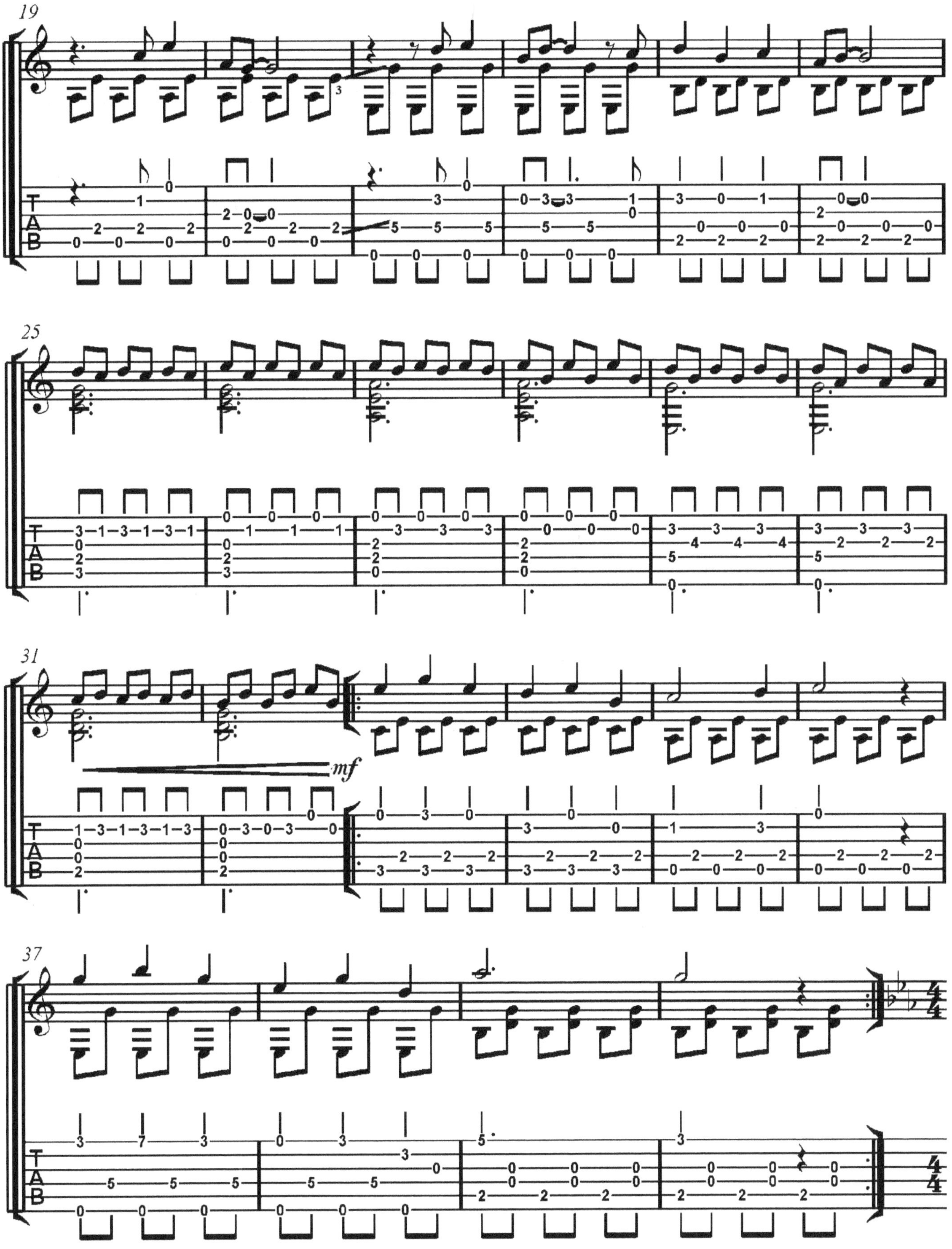
19
25
31
mf
37

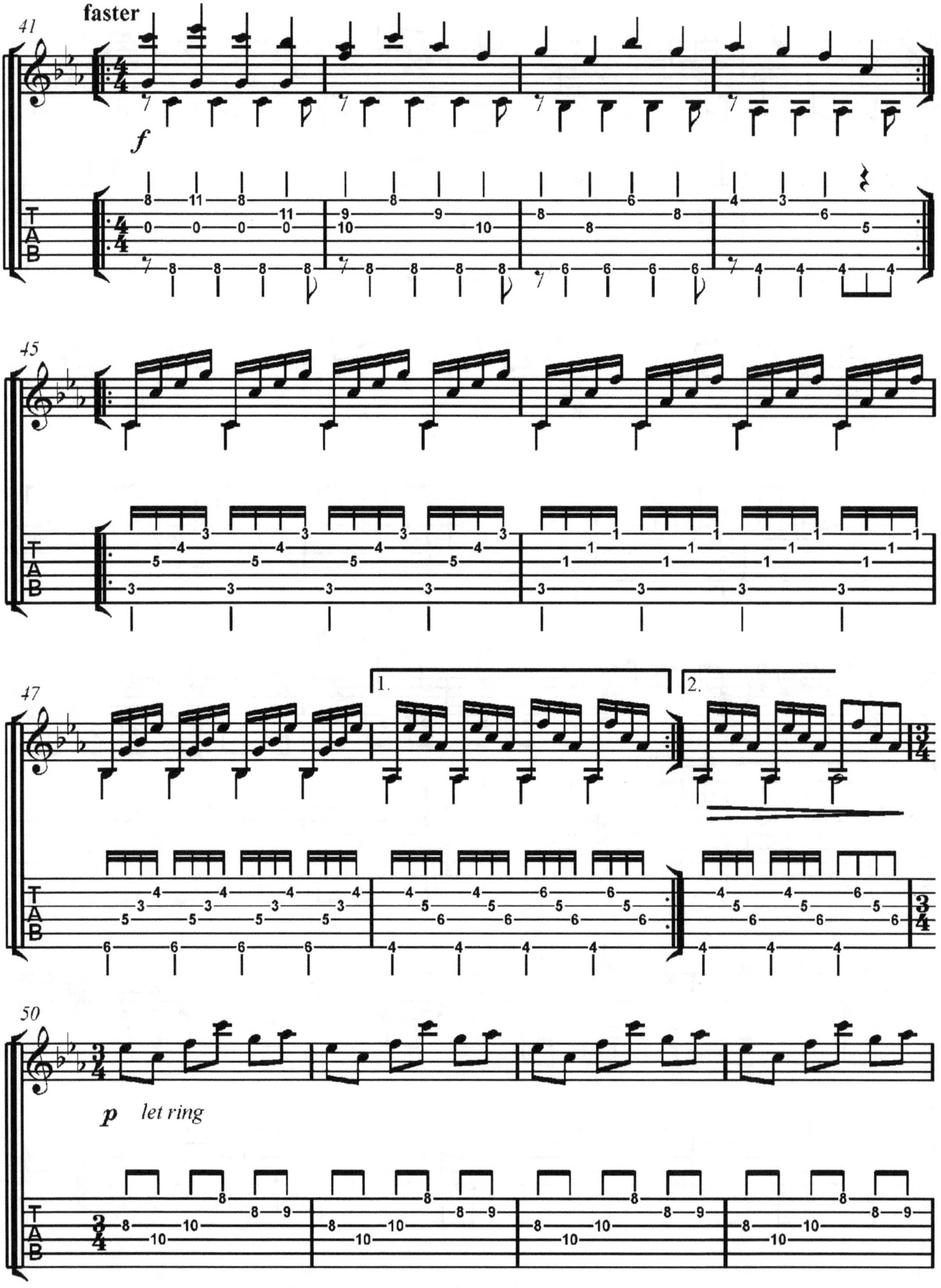
faster
f
1.
2.
p
let ring

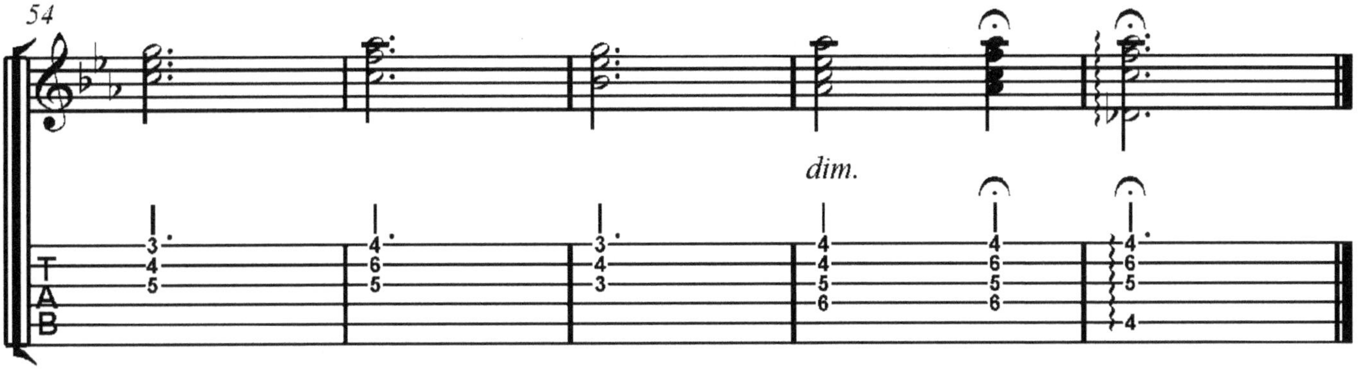
54
dim.
T
A
B

19. Prelúdio Nº 20 – Frédéric Chopin
(arranjado por Francisco Tárrega)

O compositor e pianista polaco Frédéric Chopin precisa de pouca introdução. Sua música tem permanecido muito popular e é tão amada agora como nunca foi. Quase toda a obra de Chopin foi composta para piano solo. A sua coleção de prelúdios segue a tradição iniciada por Bach, aquela de compor 24 prelúdios, utilizando cada uma das tonalidades maiores e menores. Mais tarde, Scriabin, Debussy e Shostakovich comporiam obras semelhantes.

As peças de J.S. Bach e Haydn, presentes neste livro, teriam sido tocadas em cravo, mas em 1800 o fortepiano tinha se tornado mais predominante. Esse novo instrumento deu aos músicos a capacidade de variar o volume de cada nota, ao contrário do cravo. Na época de Chopin, o piano abriu um novo mundo de expressão musical, o que tornou possível o surgimento da música dramática dos compositores românticos do século XIX.

O piano é capaz de executar mais notas simultâneas do que o violão, e o seu alcance é de quase quatro oitavas a mais que o violão. Portanto, tivemos que fazer alguns ajustes na peça original, principalmente nas notas graves e em certos voicings de acordes. Felizmente, com alguns arranjos inteligentes, nós violonistas também podemos apreciar as peças de Chopin. Como o *Minueto*, de Haydn, e o *Prelúdio Nº 20*, de Chopin, esta peça foi transcrita para violão por Francisco Tárrega, portanto estamos em boas mãos.

O Prelúdio Nº 20 está na tonalidade de C menor. Alguns dos voicings de acordes podem ser novos para você, portanto foque em cada compasso, antes de tentar conectar as diferentes frases.

O andamento é muito lento. Embora a peça tenha apenas treze compassos, ela deve levar cerca de 1 minuto e 20 segundos para ser executada. Além de lhe dar muito tempo para refletir sobre o seu aprendizado, ela também irá testar a sua resistência para manter alguns acordes com pestana mais difíceis.

Preste atenção ao primeiro acorde no compasso cinco. Dedilhar a corda Ré com o dedo **I** cria uma lacuna entre esse último dedo e os outros. No início, isso pode parecer estranho.

Ao tocar uma peça lenta e dramática como esta, pode ser tentador executar *rakes* nos acordes, para dar um sabor flamenco, mas esse tipo de som rapidamente se torna cansativo. Opte por dedilhar todo o acorde simultaneamente, com todos os quatro dedos, exceto nos momentos em que um arpejo for sinalizado por uma linha vertical ondulada antes dos acordes, como nos compassos quatro e treze. Nesses casos, utilize o polegar para fazer um *rake* nas cordas, para que haja um ligeiro *delay* entre o ataque sobre cada corda. Utilize o áudio incluso como referência, se você não estiver seguro sobre como executar essa parte.

Assim que os desenhos dos acordes estiverem se juntando, você desejará abordar a melodia que liga as notas do topo de cada acorde. Por exemplo, no compasso cinco foque em manter o dedo 4 pressionado sobre a 12ª casa e depois sobre a 11ª casa, enquanto os outros dedos mudam de posição para digitar cada acorde. Para auxiliar a execução de digitações imprevisíveis, há números sobre a notação, que apresentam as abordagens de digitação mais eficientes.

Prelúdio Nº 20 - Frédéric Chopin

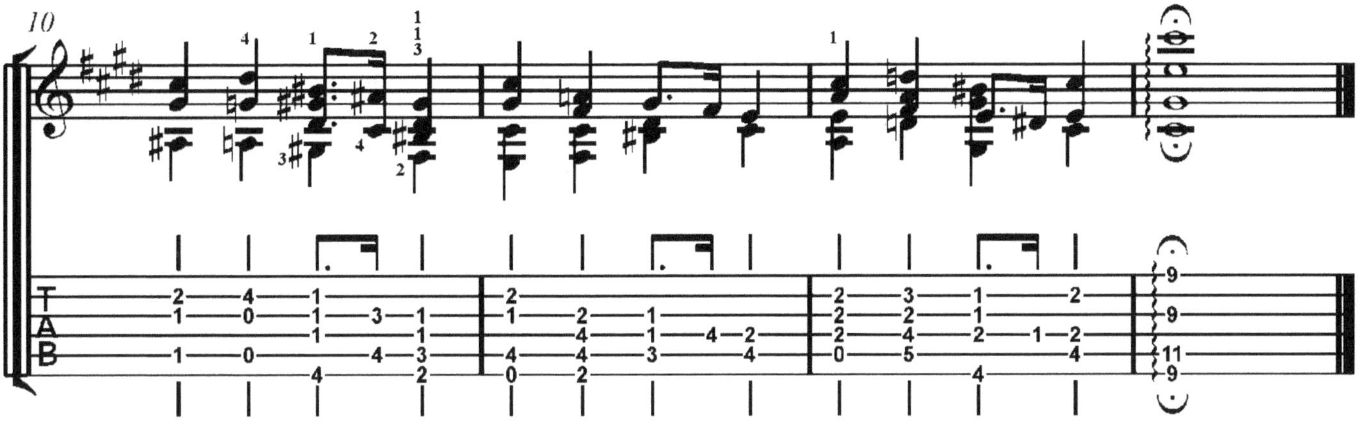
10
TAB

20. Prelúdio em C, BWV 846 – J.S. Bach

(arranjado por Rob Thorpe)

Finalmente, retornamos ao período barroco para abordar J.S. Bach. O *Prelúdio em C* faz parte do conjunto de 24 prelúdios e fugas de Bach da coleção *"O Cravo Bem Temperado"*. Esta peça é uma das suas composições mais perenes e populares, o que faz com que ela seja uma peça de performance sempre bem-vinda.

O título completo da coleção não se refere a um piano afável, mas, em vez disso, a um conceito relativamente novo na época, o *temperamento igual*. O temperamento igual é o sistema moderno de afinação utilizado na música da Europa Ocidental, que se aproxima dos intervalos verdadeiros ou *justos*, de modo que todos os doze semitons são igualmente espaçados. Essa evolução permitiu que cada tonalidade pudesse ser tocada, sem a necessidade de se utilizar uma nova afinação, e os compositores barrocos logo começaram a explorar a capacidade de utilizar modulação entre as tonalidades, diversas vezes durante uma peça.

O prelúdio em C foi composto com base em um único padrão de arpejo, o qual deve ser aplicado a uma longa progressão de acordes.

A peça começa e termina no acorde aberto de C maior, mas nesse intervalo a harmonia se afasta lentamente do acorde principal, ao introduzir quantidades crescentes de tensão.

Vários dos acordes são bastante incomuns e difíceis. Por exemplo, o compasso cinco requer duas pestanas simultâneas e um grande alongamento dos dedos. Montar os acordes gradualmente, à medida que cada nota for tocada, irá lhe ajudar a montar os desenhos dos acordes aos poucos, em vez de montá-los todos de uma vez.

Além de considerar que cada desenho de acorde tem a sua dificuldade, você deve considerar quão eficazes são as transições entre os acordes. No compasso dez, o acorde de D7 deve ser digitado com os dedos 2, 3 e 4. Embora possa parecer antinatural no início, essa digitação tornará mais fácil a transição do compasso nove para o onze.

Entre os compassos 28 e 30, a força da sua mão esquerda será testada, visto que o dedo 1 deve executar uma pestana em toda a 5ª casa, do começo ao fim, enquanto os outros dedos mudam de acorde. Pressione o braço do violão com o polegar o mínimo possível, porém sem que as notas trastejem, e mantenha-se relaxado. Com o posicionamento ideal dos dedos, pouco esforço será necessário para executar os acordes com pestana.

Assim como no arranjo de Händel, *Coral*, e no *Prelúdio Nº 20*, de Chopin, foram necessários ajustes em vários pontos desta peça, para tornar possível a execução dos acordes no violão. Os acordes do compasso dezesseis em diante foram movidos para cima em uma oitava. A prioridade ao arranjar uma peça de música é sempre a de preservar a sua identidade original. Neste caso, isso significa sustentar a nota do baixo e permitir que todas as notas soem livremente o máximo possível.

As composições de Bach raramente tinham notações de dinâmica ou andamento nos manuscritos originais. Embora alguns editores os tenham adicionado mais tarde, optei por apresentar a partitura sem eles. Assim, você terá a liberdade de interpretar esta peça à sua maneira.

Prelúdio em C, BWV 846 – J.S. Bach

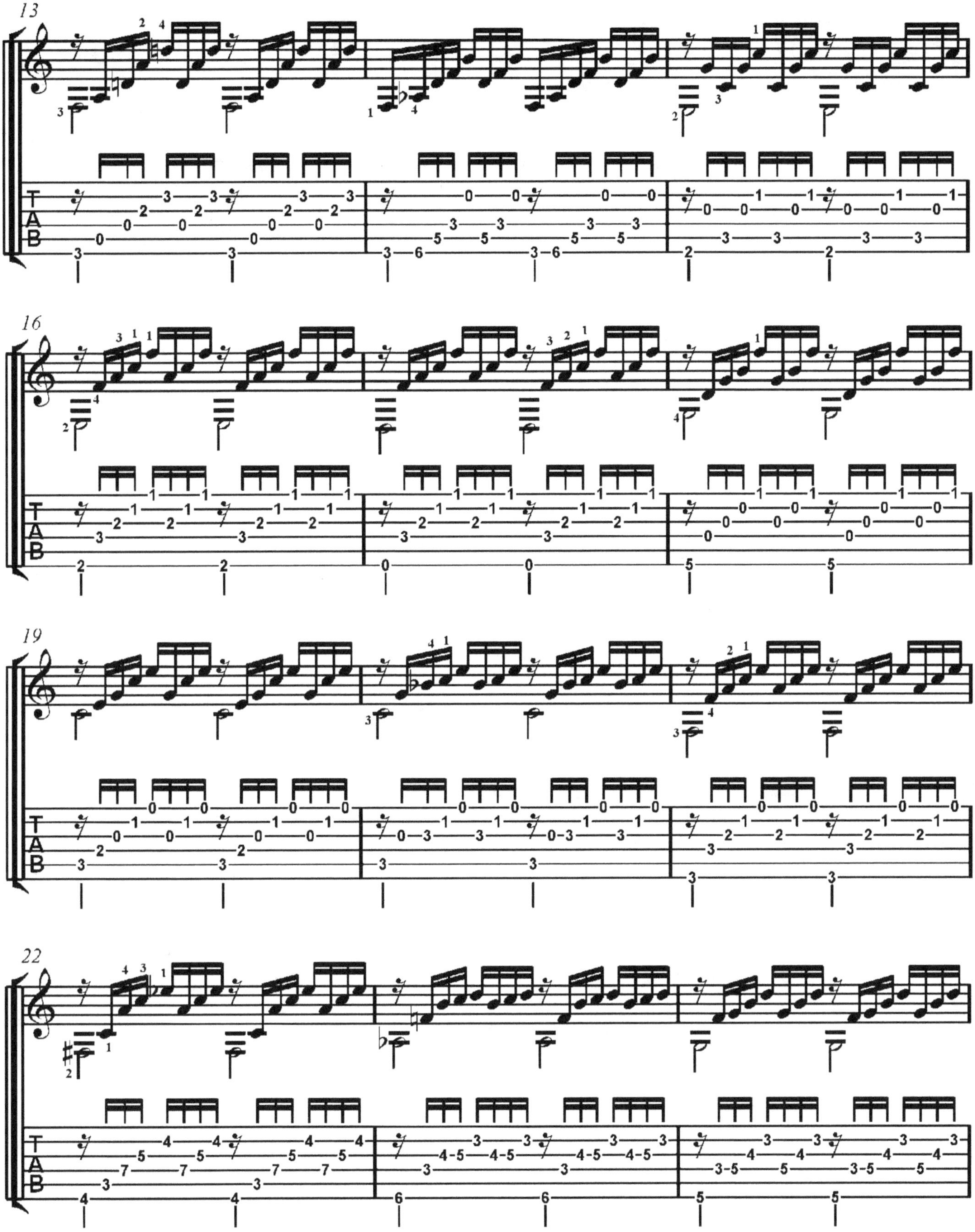
13
16
19
22

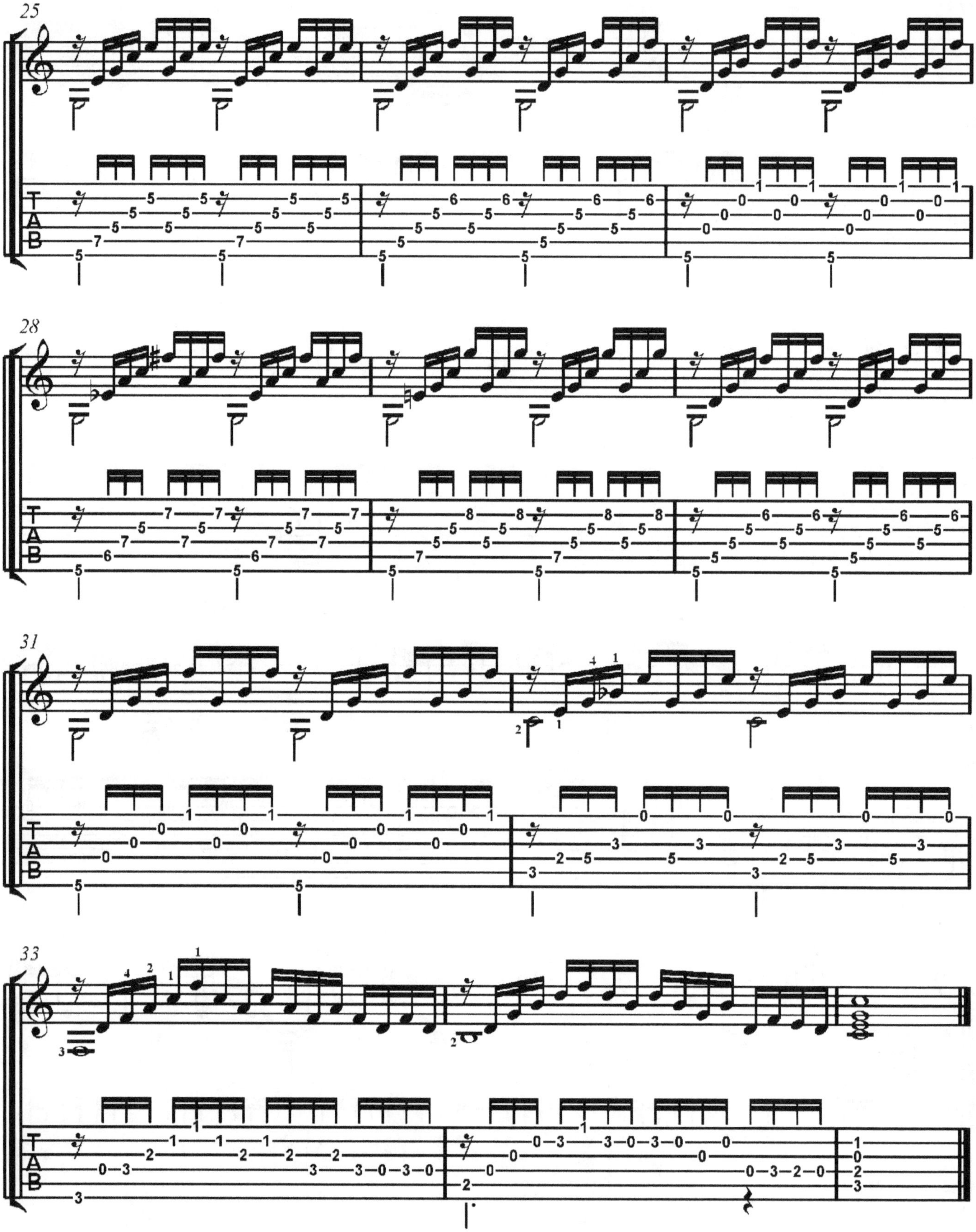
25
28
31
33

Conclusão

Após estudar as peças aqui abordadas, sugiro que você explore outras obras dos compositores cuja música mais lhe agrada. As habilidades que você desenvolveu aqui devem permitir que você desbrave peças mais desafiadoras, para adicionar ao seu repertório.

Ao longo dessa série de livros, incluí uma série de músicas de diferentes períodos, começando pelo período Barroco, passando pelo Clássico, pelo Romântico e por algumas peças de inspiração popular. É interessante observar as semelhanças presentes em peças de cada época, bem como quanto o violão se desenvolveu ao longo dos últimos quatro séculos.

É importante ouvir diversas peças de forma crítica, para treinar o seu ouvido a discernir as nuances dos grandes violonistas. Ouvir os detalhes sutis de certas músicas também irá lhe ajudar a apreciar uma gama muito maior de estilos.

Para estudar mais músicas, você deve procurar gravações de músicas da era romântica e compositores e violonistas do século XX. Abaixo estão algumas recomendações para você ouvir com calma. Elas abordam todos os aspectos do dedilhado, uma vez que incluem músicas dos períodos Barroco e Clássico, bem como músicas de cantores e compositores modernos.

John Dowland – *Galliard* (solo para alaúde)
J.S. Bach – Ária na C*orda Sol*
Joseph Küffner – *25 Sonatinas para Violão. Op. 80*
Edvard Grieg – *Na Gruta do Rei da Montanha*
Nicolo Paganini – *Sonatina Nº 1*
Isaac Albéniz – *Leyenda (Astúrias)*
Francisco Tárrega – *Recuerdos de la Alhambra*
Heitor Villa-Lobos – *Estudo Nº 1 "Prelúdio"*
Francisco Mignone – *12 Valsas para Violão*
Stanley Myers/John Williams – *Cavatina (Tema do filme "O Franco Atirador")*

Michael Hedges – *Aerial Boundaries*
Pierre Bensusan – *Le Voyage pour L'irlande*
David Mead – *Nocturnal*
Steve Howe – *The Clap*
Steve Morse – *Coast to Coast*

Nick Drake – *Cello Song*
James Taylor – *Something in the Way She Moves*
Cassidy – *Songbird*
Metallica – *Nothing Else Matters*

Espero que você tenha gostado de tocar essas peças e que você tenha sentido a satisfação que advém de aprender a tocar peças musicais completas, as quais você poderá tocar para outras pessoas. Continue estudando essas peças e busque sempre melhorar a sua técnica e performance. Isso lhe fará crescer como músico e irá lhe possibilitar descobrir novas perspectivas para adicionar às músicas que você for tocar.

Boa sorte no próximo estágio do seu aprendizado de violão.

Rob Thorpe

Outros Livros da Fundamental Changes

Guitarra Solo Heavy Metal

Fluência no Braço da Guitarra

O Guia Completo para Tocar Blues na Guitarra: Livro Um – Guitarra Base

O Guia Completo para Tocar Blues na Guitarra: Livro Dois: Frases Melódicas

O Guia Completo para Tocar Blues na Guitarra: Livro Três – Além das Pentatônicas

O Guia Completo para Tocar Blues na Guitarra – Compilação

O Sistema CAGED e 100 Licks de Guitarra Blues

Mudanças Fundamentais na Guitarra Jazz

Dominando o ii V Menor na Guitarra Jazz

Chord Tone em Solos na Guitarra Jazz

Solos na Guitarra Jazz Blues

Escalas de Guitarra Contextualizadas

Acordes de Guitarra Contextualizados

Dominando Acordes de Jazz na Guitarra

Técnica Completa de Guitarra Moderna

Dominando a Guitarra Funk

O Livro Completo de Técnica, Teoria e Escalas – Compilação

Dominando Leitura de Notação na Guitarra

Guitarra Rock CAGED: O Sistema CAGED e 100 Licks para Guitarra Rock

Guia Prático De Teoria Musical Moderna Para Guitarristas

Siga-nos

Para acessar centenas de aulas gratuitas de guitarra, visite: **www.fundamental-changes.com**

www.facebook.com/FundamentalChangesInGuitar

@RobThorpeMusic

@Guitar_Joseph

www.ingramcontent.com/pod-product-compliance
Lightning Source LLC
Chambersburg PA
CBHW081436090426
42740CB00017B/3334